Liebe Schülerinnen, liebe Schüler,

wenn ihr über ein wenig Basiswortschatz verfügt sowie Hände und Füße fleißig einsetzt, werdet ihr in Frankreich weder verhungern noch unter Brücken übernachten müssen. Sobald ihr euch aber auf Reisen oder während eines Austauschs mit Franzosen unterhalten wollt, werdet ihr feststellen: es geht doch nicht ohne Grammatik. Und dies gilt erst recht für den schriftlichen Ausdruck. Wenn ihr also das, was ihr euch nicht ohne Mühe im Unterricht erworben habt, festigen oder vertiefen – und eventuelle Lücken auffüllen – wollt, können euch die 99 grammatischen Übungen dieses Heftes helfen.

Das Heft ist für alle Schülerinnen und Schüler gedacht, die mit *Découvertes 3* und *4* arbeiten. Es ermöglicht eine systematische Wiederholung der bisher behandelten Grammatikthemen in selbstständiger Einzelarbeit: Die Lösungsvorschläge am Ende des Heftes erlauben eine zuverlässige Kontrolle der eigenen Ergebnisse. Das Heft lässt sich auch begleitend zum Unterricht einsetzen und kann Stoff für zusätzliche Hausaufgaben liefern.

Zu jedem Abschnitt des Grammatischen Beihefts wird mindestens eine Aufgabe angeboten, wobei Verweise auf die jeweiligen Paragrafen* ein rasches Auffinden des Stoffes erleichtern. Die Aufgaben konzentrieren sich nicht nur, aber vor allem auf die Grammatik des Geschriebenen (Schrift und gesprochene Sprache unterscheiden sich im Französischen deutlich). Eine besondere Berücksichtigung finden jene Erscheinungen, die den deutschen Lerner vor größere Probleme stellen, zum Beispiel wenn die Strukturen der Fremdsprache von denen der Muttersprache stark abweichen.

Der grammatische Stoff wird, wo es geht, in Kontexte eingebettet (z. B. in Dialoge, Briefe, Schilderungen), um so Zusammenhänge zwischen Inhalten und sprachlicher Form deutlich zu machen. Im Heft kommen auch viele spielerische Aufgabenformen vor (Wortgitter, Zuordnungsübungen, Auswahlantworten usw.): Grammatik muss nicht unbedingt trocken sein!

Aus dem Grammatischen Beiheft ist euch die zusammenfassende Übersicht *Tout compris?* bereits bekannt. Unter demselben Titel findet ihr auch hier, am Ende jeder Lektion, eine resümierende Übung, die euch erlaubt zu testen, ob ihr den zuvor behandelten Lektionsstoff wirklich erfasst habt.

Viel Erfolg und möglichst auch ein wenig Spaß wünschen euch die Autoren.

Inhalt

* Die in der Titelseite der Übungen erwähnten Paragrafen beziehen sich auf das grammatische Beiheft zu *Découvertes 3* (GBH 3) und *Découvertes 4* (GBH 4).

1 Qui est la plus grande?

→ Die Steigerung der Adjektive und der Vergleich, GBH 3 § 1

Complétez les phrases. Utilisez le comparatif «plus … que» ⊕, «moins … que» ⊖, «aussi … que» ⊜ et le superlatif «le/la plus de/des» ⊕⊕ ou «le/la moins de/des» ⊖⊖.

1. Fécamp: 26° Toulouse: 38° chaud

→ A Fécamp, il fait ⊖ ______ Toulouse.

2. pantalon: 50 € chemise: 35 € t-shirt: 15 € cher

→ Le pantalon est ⊕ ______ la chemise.

→ Le t-shirt est ⊖⊖ ______ trois vêtements.

3. Elodie: 1,68 m Charlotte: 1,65 m Carine: 1,63 m petit grand petit

→ Charlotte est ⊕ ______ Elodie, mais ⊕ ______ Carine.

Et Carine est ⊕⊕ ______ trois amies.

4. Laurent: Maths 11/20, Anglais 16/20 bon

David: Maths 14/20, Anglais 12/20 bon

→ David est ⊕ ______ Laurent en maths, mais il est ⊖ ______ en anglais.

5. Elodie: Sport 12/20, Musique 19/20 sportif

Charlotte: Sport 15/20, Musique 15/20 bon

→ Elodie n'est pas ⊜ ______ Charlotte, mais elle est ⊕ ______ son amie en musique. Elle est même ⊕⊕ ______ toute sa classe.

Charlotte est ⊜ ______ en sport ______ en musique.

2 Le saviez-vous?

→ Die Bildung des *imparfait*, GBH 3 § 2

Complétez la grille.

infinitif	présent	imparfait	
croire	il ______	tu ______	nous ______
changer	nous ______	elle ______	vous ______
commencer	nous ______	je ______	nous ______
acheter	tu ______	nous ______	ils ______
savoir	elle ______	tu ______	vous ______
crier	je ______	vous ______	elles ______
écrire	tu ______	j' ______	nous ______
vouloir	il ______	je ______	vous ______
avouer	vous ______	tu ______	nous ______
draguer	il ______	nous ______	elles ______
se baigner	je ______	vous ______	ils ______

3 Qu'est-ce que vous avez fait?

→ Das *passé composé* (*Révisions*)

Complétez les phrases. Mettez les verbes au passé composé.

1. – Salut, Elodie. Tu ________________ à la plage, aujourd'hui?	ne pas aller
– Non. Je ________________ à la maison. J'________________	rester / dormir
jusqu'à 11 heures, et ensuite j'________________ des BD.	lire
2. Hier soir, nous ________________ un film super à la télé.	voir
Il ________________ à tout le monde, sauf à Charlotte; elle ________________	plaire / arriver
en retard, alors elle ________________.	ne rien comprendre
3. – J'________________ un SMS à David, mais il ________________.	écrire / ne pas répondre
– Tu es sûre qu'il ________________ ton message?	recevoir
Peut-être qu'il ________________ son portable.	ne pas prendre
– Peut-être … ou alors, il ________________ me répondre.	ne pas vouloir
4. J'________________ l'allemand à Hambourg. Mes parents et moi,	apprendre
nous ________________ en Allemagne pendant 5 ans.	vivre
Nous ________________ vivre en France l'année dernière.	revenir
5. – J'________________ mon amie toute la soirée, mais elle	attendre
________________.	ne pas venir
– Peut-être qu'elle ________________ venir?	ne pas pouvoir
– Oui, c'est possible, mais pourquoi elle ________________?	ne rien dire

4 Allô, Radio Ados

→ *Imparfait* und *passé composé*, GBH 3 § 4

Imparfait ou passé composé? Rayez (durchstreichen) la forme verbale qui n'est pas correcte.

Laurent téléphone à Radio Ados.

– Allô, Radio Ados? J'ai un problème: la semaine dernière, *je rencontrais / j'ai rencontré* une fille super sur la plage. Mais aujourd'hui, *elle me disait / elle m'a dit* qu'*elle ne voulait plus / elle n'a plus voulu* me voir.
– Pourquoi? Qu'est-ce qui *se passait / s'est passé*?
– Ben … Voilà: hier, *je lui demandais / je lui ai demandé* si *elle avait / elle a eu* envie de venir à mon anniversaire.
– Et *elle ne venait pas / elle n'est pas venue*?
– Si, mais moi, *je dansais / j'ai dansé* toute la soirée avec une autre fille, et *je ne parlais presque pas / je n'ai presque pas parlé* avec Charlotte.
– Mais pourquoi? *Elle ne te plaisait plus / Elle ne t'a plus plu*?
– Si, bien sûr! Mais *je connaissais / j'ai connu* l'autre fille depuis longtemps, *c'était / ça a été* une bonne copine, alors *j'oubliais un peu / j'ai un peu oublié* Charlotte, et *je ne voyais pas / je n'ai pas vu* tout de suite qu'*elle était / elle a été* jalouse. Maintenant, *je comprenais / j'ai compris*. Mais c'est trop tard, *elle partait / elle est partie*.

5 Les vacances, c'était super!

→ Der Gebrauch des *imparfait*, GBH 3 § 3

Elodie écrit à sa copine Léa qui est restée à Paris. Voici sa lettre.

> Les vacances, c'est vraiment super! Je me lève tard, je prends mon petit-déjeuner dans le jardin, et ensuite, je vais à la plage avec mon amie Charlotte. Il fait très chaud et nous nous baignons tous les jours. A Fécamp, j'ai deux bons copains: David et Laurent. Je ne les vois pas le matin parce qu'ils apprennent la voile. Mais l'après-midi, on se retrouve sur le port, on mange une glace ou on boit un coca, et puis on va à la plage. Les garçons jouent au volley. Charlotte et moi, nous nous allongeons sur le sable et nous discutons ou alors, nous envoyons des SMS. Le soir, nous sortons souvent avec nos nouveaux amis: ils connaissent bien la ville et ils savent toujours où on peut s'amuser… tu vois, c'est le rêve!
>
> Bises, Elodie ☺

Malheureusement Elodie a oublié d'envoyer la lettre. Quand elle revient, elle raconte ses vacances à Léa. Mettez le texte à l'imparfait.

Les vacances, c'était vraiment super! Je me __________ tard, je __________ mon petit-déjeuner dans le jardin, et ensuite, j'__________ à la plage avec mon amie Charlotte. Il __________ très chaud et nous __________ tous les jours. A Fécamp, j'__________ deux bons copains: David et Laurent. Je ne les __________ pas le matin, parce qu'ils __________ la voile. Mais l'après-midi, on __________ sur le port, on __________ une glace ou on __________ un coca, et puis on __________ à la plage. Les garçons __________ au volley. Charlotte et moi, nous __________ sur le sable et nous __________ ou alors, nous __________ des SMS. Le soir, nous __________ souvent avec nos nouveaux amis: ils __________ bien la ville et ils __________ toujours où on __________ s'amuser … Tu vois, c'__________ le rêve!

6 Passé composé ou imparfait?

→ *Imparfait* und *passé composé*, GBH 3 § 4

Mettez les phrases suivantes au passé.

1. Elle ne va pas se baigner parce qu'il fait froid.
   → Elle __________ se baigner parce qu'il __________ froid.
2. Nous construisons une maison dans un village qui nous plaît depuis toujours.
   → Nous __________ une maison dans un village qui nous __________ depuis toujours.
3. Comme je suis malade, je ne peux pas aller à la fête.
   → Comme j'__________ malade, je __________ aller à la fête.
4. Pendant que tu finis tes devoirs, nous buvons un café.
   → Pendant que tu __________ tes devoirs, nous __________ un café.
5. Quand j'ouvre la porte, mes chiens sortent dans la rue.
   → Quand j'__________ la porte, mes chiens __________ dans la rue.
6. Elle part en vacances avec des jeunes qu'elle connaît bien et qui sont très sportifs.
   → Elle __________ en vacances avec des jeunes qu'elle __________ bien et qui __________ très sportifs.

7. D'abord, les deux amies prennent leur petit-déjeuner. Puis, elles partent à la plage et ensuite, elles écrivent des SMS.
   → D'abord, les deux amies ______________________ leur petit-déjeuner.
   Puis, elles ______________________ à la plage et ensuite, elles ______________________ des SMS.
8. Laurent, qui est très sportif, m'apprend à faire de l'escalade.
   → Laurent, qui ______________________ très sportif, m'______________________ à faire de l'escalade.

7 Tout compris?

Cochez la bonne solution.

1. Il m'a dit qu'il	☐ été ☐ a été ☐ était	de Fécamp.
2. Hier, Elodie	☐ a resté ☐ restait ☐ est restée	au lit jusqu'à 11 heures.
3. Comme elle n'avait pas de voiture, je lui	☐ proposait ☐ est proposé ☐ ai proposé	de l'accompagner à la gare.
4. J'ai aidé ma copine à faire ses devoirs parce qu'elle	☐ ne comprenait ☐ ne comprenais ☐ ne comprendait	pas tout.
5. Charlotte est	☐ la fille plus sympa ☐ la fille la plus sympa ☐ la plus sympa fille	de la plage.
6. Je trouve le coca	☐ meilleur que le ☐ meilleur comme le ☐ meilleur du	jus d'orange.
7. David n'est	☐ pas non plus baraqué ☐ aussi pas baraqué ☐ pas aussi baraqué	que Laurent.
8. Laurent est	☐ moins bon en maths qu' ☐ moins meilleur en maths qu' ☐ moins bon en maths comme	en volley.

8 De l'imparfait au plus-que-parfait

→ Das Plusquamperfekt, GBH 3 § 5

Complétez la grille.

infinitif	imparfait	participe passé	plus-que-parfait
Ex: sortir	*nous sortions*	*sorti(e)*	*j'étais sorti(e)*
1. boire	elle ______	______	nous ______
2. écrire	j'______	______	tu ______
3. aller	vous ______	______	nous ______
4. comprendre	nous ______	______	j'______
5. être	ils ______	______	on ______
6. mettre	tu ______	______	elle ______
7. avoir	elles ______	______	ils ______
8. rester	je ______	______	elles ______
9. connaître	tu ______	______	vous ______
10. devoir	il ______	______	on ______
11. courir	vous ______	______	tu ______
12. descendre	ils ______	______	nous ______

9 Pas du tout!

→ Das Plusquamperfekt, GBH 3 § 5

Mettez les phrases suivantes au plus-que-parfait.

1. Elle ne part pas encore. → ______
2. Je ne comprends rien. → ______
3. Elle ne m'appelle plus depuis notre dispute. → ______
4. Ils ne disent que des bêtises. → ______
5. Sur cette photo, je ne reconnais personne. → ______
6. Ma grand-mère ne conduit jamais. → ______
7. Ce livre ne me plaît pas du tout. → ______
8. Manon ne me parle pas non plus. → ______

10 Quelle soirée!

→ Das Plusquamperfekt, GBH 3 § 5

Complétez le texte. Utilisez le temps qui convient (imparfait, passé composé ou plus-que-parfait).

Laure raconte:

Hier, c'était samedi. Je ______ *(vouloir)* aller au cinéma avec mes copains et mes copines.
J'______ *(avoir)* envie de voir le nouveau film de Johnny Depp. Alors, j'______ *(téléphoner)*

à Christophe, mais il _______________ *(déjà voir)* ce film. Après, j'_______________ *(appeler)* Arnaud. Lui, il _______________ *(ne pas pouvoir)* venir parce qu'il _______________ *(ne pas encore faire)* ses devoirs. Pour finir, je _______________ *(sortir)* avec mon amie Zoé. Nous _______________ *(décider)* de nous retrouver devant le cinéma, mais quand je _______________ *(arriver)*, elle _______________ *(ne pas être là)*. Alors, j'_______________ *(attendre)*. Bien sûr, il _______________ *(pleuvoir)* et je _______________ *(ne pas prendre)* de parapluie. Une demi-heure plus tard, elle _______________ *(arriver)* à pied. Elle _______________ *(rater)* le bus parce qu'elle _______________ *(devoir)* aider sa mère à la maison. Quand nous _______________ *(enfin entrer)* dans le cinéma, le film _______________ *(déjà commencer)* depuis longtemps. Alors, nous _______________ *(décider)* de manger une pizza. Moi, je _______________ *(ne rien manger)* depuis le petit-déjeuner et j'_______________ *(avoir)* très faim. On m'_______________ *(dire)* que «Chez Mario» les pizzas _______________ *(être)* très bonnes. Mais quand nous _______________ *(arriver)* devant la pizzeria, il n'y _______________ *(avoir)* personne: Mario _______________ *(partir)* en vacances. Alors, je _______________ *(rentrer)* chez moi. Et deux heures après, j'_______________ *(commencer)* à avoir mal à la gorge parce que j'_______________ *(rester)* trop longtemps sous la pluie.

11 Qu'est-ce que c'est?

→ Die Relativpronomen, GBH 3 *(Révisions)*

Complétez les phrases avec «qui», «que», «qu'», «où» et trouvez les mots qui correspondent aux définitions. Ecrivez ces mots dans la grille en bas. Dans la colonne grise, vous pouvez lire le nom d'une région française.

1. C'est quelque chose ________ on fait avec du sucre et des fruits, et ________ les enfants adorent.
2. C'est un animal ________ fait «cocorico» en français.
3. C'est un oiseau ________ vit la nuit.
4. C'est une boisson ________ on fait avec du vin et du cassis.
5. C'est quelque chose ________ on peut fumer, mais ________ est mauvais pour la santé.
6. C'est la ville ________ est né l'homme ________ a construit la tour Eiffel.
7. Ce sont des animaux ________ les Français aiment bien manger et ________ sont sur les menus en Bourgogne.
8. C'est un homme ________ avait un prénom bizarre et ________ a inventé la photographie.
9. C'est l'école ________ les Français vont après le collège.

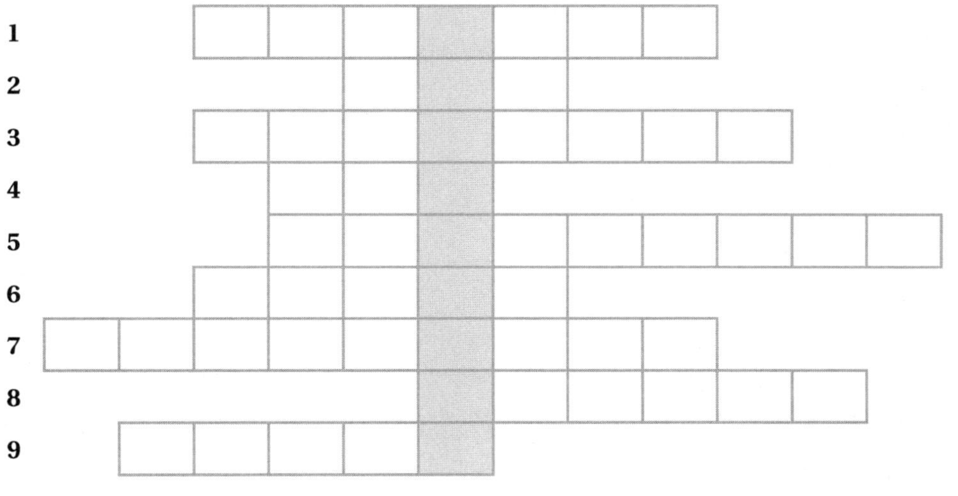

12 Dites-moi ce que je dois faire!

→ „Ce qui", „ce que", GBH 3 § 6

Adrien a un problème, il écrit à Marc, un journaliste d'Ados-Journal. Complétez le texte avec «ce qui», «ce que» et «ce qu'».

Salut Marc,

Dis-moi ________ il faut faire. Aujourd'hui, mes parents m'ont dit ________ ils ont choisi de faire pour les vacances. On va encore aller à Fécamp, ________ je trouve nul. Moi, ________ me plaît, c'est les voyages. ________ j'aime, c'est découvrir d'autres pays. Et à Fécamp, tout ________ on peut faire, c'est aller à la plage quand il fait chaud, ________ n'arrive pas souvent. Je voudrais bien leur dire ________ je pense de leur idée, mais ils n'écoutent jamais ________ je dis. Ils n'ont pas envie de savoir ________ m'intéresse, et à la fin, je dois toujours faire ________ ils veulent. ________ m'énerve en plus, c'est que mon meilleur copain, lui, il va faire ________ je rêve de faire: il va en Espagne en camping-car, ________ doit être super. Je ne sais pas ________ je peux dire à mes parents, mais ________ je sais, c'est que je ne veux pas revenir à Fécamp. Est-ce que tu peux me dire ________ je dois faire?

Adrien

13 Des choses dont on parle

→ Das Relativpronomen „dont", GBH 3 § 7

Utilisez «dont» pour relier les deux phrases.

Exemple: J'adore la chanteuse Zazie. Je connais toutes ses chansons.
→ J'adore la chanteuse Zazie dont je connais toutes les chansons.

1. Je te présente ma copine Marie. Je t'ai souvent parlé d'elle.
   → ____.
2. A Beaune, on peut visiter l'Hôtel-Dieu. Ses toits en couleurs sont très beaux.
   → ____.
3. C'est un acteur génial. J'ai vu tous ses films.
   → ____.
4. Mon meilleur ami, c'est Roberto. Son père est italien.
   → ____.
5. Sur le mur, il y avait une chouette. J'ai pris une photo de cette chouette.
   → ____.
6. Ma mère a trois frères. Le plus jeune de ses frères est cuisinier à Dijon.
   → ____.
7. David est un garçon très baraqué. Toutes les filles sont amoureuses de lui.
   → ____.

14 Publicité

→ Die Relativpronomen „dont" und „lequel", GBH 3 § 7, § 8

Complétez les textes avec une préposition + «lequel, laquelle etc.» ou avec «dont».

1. Bientôt à Dijon: les Fous-dingues! Le concert ________ tout le monde parle et ________ vous n'allez pas arrêter de danser. Une soirée ________ vous devez inviter tous vos amis.
2. Messieurs, voici le cadeau ________ il faut penser si vous voulez plaire à la femme ________ vous êtes amoureux: le nouveau parfum de Dulce & Banana, c'est LE parfum ________ les femmes ne peuvent plus vivre.
3. Martinique: le voyage ________ vous rêvez. Imaginez … des plages de sable blanc ________ vous pouvez vous allonger. Une mer toujours bleue ________ on peut se baigner pendant des heures. Un hôtel ________ on se sent bien et des restaurants ________ on sert des repas délicieux … Venez chez nous, passez les vacances ________ vous pensez depuis longtemps.

15 Tout compris?

a *Mettez les mots dans le bon ordre.*

1. tu / déjà / que / vacances / étais / en / croyais / je / parti
   – ________________________________
2. très / était / dormi / n' / avait / qui / Thomas / fatigué / pas
   – ________________________________
3. je / jamais / voyage / avais / d' / avant / mangé / ce / n' / escargots
   – ________________________________
4. ils / retard / avaient / bus / arrivés / sont / ils / parce qu' / en / le / raté
   – ________________________________

b *Complétez les phrases.*

que – auquel – sur lesquelles – à qui – dont – où – ce qui

1. Je connais un restaurant ________ on mange très bien.
2. J'ai pris des photos ________ on voit bien la vieille ville.
3. Je lui ai envoyé un message ________ elle n'a pas répondu.
4. Laurent est un garçon très sympa ________ je téléphone souvent.
5. C'est un élève très bête ________ tout le monde se moque.
6. Dijon est une ville ________ je connais bien.
7. Je veux faire ________ me plaît.

16 Ce n'est vraiment pas difficile!

→ Die Bildung der Adverbien (I), GBH 3 § 9

Complétez la grille.

adjectif masculin	*adjectif féminin*	*adverbe*
1. joli	______	______
2. ______	malheureuse	______
3. meilleur	______	______
4. sportif	______	______
5. ______	chère	______
6. gentil	______	______
7. chaud	______	______
8. ______	mauvaise	______
9. fou	______	______
10. vrai	______	______
11. ______	bonne	______
12. jaloux	______	______
13. correct	______	______
14. ______	tranquille	______

17 Encore des adverbes, toujours des adverbes …

→ Die Bildung der Adverbien (I)/Die Stellung der Adverbien, GBH 3 § 9, § 11

Complétez les phrases avec les adverbes qui se cachent dans la grille (on peut les lire de haut en bas, de bas en haut, de gauche à droite et de droite à gauche). Avec les 8 lettres qui restent, formez le mot-clé. C'est le métier que Nathan veut faire plus tard.

E	M	U	M	À	J	É	D	L	C
N	N	E	I	B	M	A	L	O	I
S	I	S	E	E	N	F	I	N	E
E	A	L	U	H	I	E	R	G	Z
M	M	À	X	I	D	R	A	T	E
B	E	A	U	C	O	U	P	E	S
L	D	S	N	I	O	M	O	M	S
E	E	T	I	V	S	È	R	P	A
I	S	O	U	V	E	N	T	S	N
T	N	A	N	E	T	N	I	A	M

1. Aujourd'hui, c'est le 31 décembre. ________, c'était le 30, et ____________, la nouvelle année va commencer.
2. – Tu as fait tes devoirs?
   – Non, je regarde un film. Je vais les faire __________.
   – Ah non! Tu les fais ____________________.
   – Mais Nathan va venir, et on va faire nos devoirs ____________________.
3. – Est-ce qu'il faut ______________ d'œufs pour faire ce gâteau?
   – Oui, il en faut cinq.
   – Bon, alors je dois en acheter. Je n'en ai plus __________.
4. Quand je suis __________ arrivé à la gare, il était __________ __________: le train était parti.
5. – Amélie est encore chez toi?
   – Non, elle est __________ partie.
   – Eh bien, elle n'est pas restée ____________________ à ta fête.
6. Nouria comprend assez __________ l'arabe, mais elle le parle __________. Quand elle était petite, elle allait ______________ chez ses grands-parents. Alors, elle parlait ______________ l'arabe que maintenant.
7. Pour aller à Beaune, on peut passer par ____________ ou par ____________. Si on prend cette route, c'est ____________ beau, mais on va plus ____________.

Mot-clé: ☐☐☐☐☐☐☐☐

18 C'est Nathan qui a le plus de problèmes

→ Die Steigerung der Adverbien, GBH 3 § 12

Nathan écrit à un journal pour ados. Traduisez les expressions ci-dessous pour compléter sa lettre.

(1) genauso gut wie – (2) so richtig/korrekt wie – (3) meistens/am öftesten – (4) weniger lang als – (5) genauso spät wie – (6) viel später – (7) weniger gut als – (8) am wenigsten – (9) schneller als – (10) leichter – (11) am besten – (12) so oft wie – (13) besser als – (14) am meisten – (15) viel besser als – (16) so schnell wie

Salut Ados-Journal,

J'ai des problèmes à l'école: je ne travaille (1) pas ____________________ mes copains parce que le soir je suis clown dans un cirque. Je fais mes devoirs (2) ________________________________ je peux, mais (3) ____________________________, les profs ne sont pas contents de mon travail.
En plus, je dors (4) ______________________________ les autres élèves; je me lève (5) ____________________ eux, mais je vais au lit (6) ____________________________, après mon numéro.
Alors en classe, je suis fatigué et je travaille (7) ______________________ mes copains. Ce qui me plaît (8) ____________________, c'est les maths. Tous les élèves comprennent (9) ____________________ moi et font leurs devoirs (10) ____________________________. J'ai une nouvelle amie, Nouria.
C'est elle qui travaille (11) ________________ de toute la classe, et je travaille avec elle (12) ____________________________ possible.
Alors ça va un peu (13) ____________________ avant. Mais moi, ce que j'aime (14) ____________________, c'est mon travail au cirque. Ça me plaît (15) ______________________________ l'école. Qu'est-ce que vous pensez? Est-ce que je dois quitter l'école (16) ____________________ que possible, ou non?

Nathan

19 Vite, vite!

→ Funktionen des Adverbs, GBH 3 § 10

Adjectif ou adverbe? Complétez les phrases.

Exemple: – Est-ce que j'ai écrit votre adresse correctement?

– Oui, comme ça, c'est correct.

1. – Il dit qu'il est malade, mais je ne sais pas si c'est ______________.
   – Si, si, il est ______________ malade.
2. Je suis ______________ que mon frère en allemand,
   mais il parle ______________ anglais que moi.
3. – Regarde cette affiche: «Le cirque Zapata, ______________ dans votre ville.
   Grand spectacle le 15 novembre.»
   – Oh, super! Le 15, c'est la semaine ______________, non?
4. J'ai acheté une voiture ______________ parce que j'aime conduire
   ______________.
5. – «La Mamma» est une très ______________ pizzeria. On y mange très ______________.
   – Ah, vous trouvez? Moi, j'y suis allé ______________,
   le mois ______________, je crois. Eh bien, j'ai très ______________ mangé.
   Ma pizza était vraiment ______________.
6. Ouf! La soirée a été ______________. Nathan est venu chez moi et
   il m'a ______________ parlé de ses problèmes.
7. – Vous dites que le voleur avait un pantalon noir et une chemise bleue,
   c'est ______________?
   – … Je crois, oui. Mais je ne sais plus ______________.
8. – ______________, Nathan est un mec super cool, mais aujourd'hui,
   je ne sais pas … Il n'est pas ______________.
   Je le trouve ______________, pas toi?
   – C'est vrai, il te regarde ______________.
   A mon avis, il est ______________ amoureux de toi.
   – Nathan, amoureux de moi? Mais non, tu es ______________.

correct
vrai
meilleur
prochain
rapide
bon
dernier
mauvais
long
exact
normal
bizarre
fou

20 Chaque chose à sa place

→ Die Stellung der Adverbien, GBH 3 § 11

Rayez (durchstreichen) l'adverbe qui n'est pas à la bonne place.

1. *Malheureusement*, les enfants qui *malheureusement* vivent dans un cirque *souvent* ont *souvent* des problèmes à l'école.
2. Ce matin, je me suis *tard* levé *tard* mais *demain*, je vais *demain* me lever à 6 heures.
3. Quoi? Tu *déjà* as *déjà* fait tes devoirs? Moi, je n'ai pas *encore* commencé *encore*.
4. – Si tu m'attends un peu, on peut *ensemble* aller au centre-ville *ensemble*.
   – Non, moi, je veux *maintenant* partir *maintenant*.
5. Cette année, nous n'avons pas *assez* d'argent *assez* pour partir en vacances; alors nous allons *ici* rester *ici*.
6. *Longuement* j'ai *longuement* réfléchi, et j'ai *enfin* trouvé une solution *enfin*.
7. *Toujours* ce n'est pas *toujours* facile de le comprendre: il parle *mal* français *mal*.
8. Je n'ai pas *bien* appris ma grammaire *bien*, je vais *sûrement* avoir une mauvaise note *sûrement*.

21 Es-tu heureux en France, Babaka?

→ Die Inversionsfrage, GBH 3 § 13

«Rebelle», le journal du collège, a posé des questions à Babaka. Voici ses réponses. Trouvez les questions. Utilisez l'interrogation par inversion.

Exemple: – ______________________? *(Comment t'appelles-tu?)* → – Je m'appelle Babaka.

1. – ______________________?
   – Je viens du Sénégal.
2. – ______________________?
   – Je suis arrivé en France il y a 2 ans.
3. – ______________________?
   – Oui, j'ai encore de la famille au Sénégal, mon père est resté là-bas.
4. – ______________ ou ______________?
   – Il ne va pas venir en France, il veut rester là-bas.
5. – Et ta mère, ______________________?
   – Elle a voulu quitter son pays parce qu'elle avait trouvé un travail intéressant à Lyon.
6. – ______________________?
   – Oui, elle aime beaucoup Lyon.
7. – Et toi, ______________________?
   – Moi? Je trouve la vie en France intéressante, mais aussi difficile.
8. – ______________________?
   – Oui, heureusement, j'ai rapidement trouvé des bons copains.
9. – ______________________?
   – Le week-end, mes copains et moi, nous allons au cinéma et nous jouons au foot.
10. – ______________________?
    – Oui, il y a des choses – et des gens – qui m'énervent.
11. – ______________________?
    – Oh oui, je peux te donner un exemple: le contrôleur du bus.
12. – Pourquoi? ______________________?
    – Tu veux savoir ce qu'il a fait? Il m'a demandé de lui montrer mon ticket un million de fois parce que je suis noir.

22 Qu'est-ce qui s'est passé?

→ Die reflexiven Verben: Das *passé composé*, GBH 3 § 14

Utilisez les verbes entre parenthèses pour compléter l'histoire. Utilisez le temps qui convient et faites attention à l'accord!

1. Hier, Nouria ____________________ *(s'endormir)* pendant le cours de maths.
2. Quand ils ont vu ça, tous les autres élèves ____________________ *(se moquer)* d'elle.
3. Même Nathan, le meilleur ami de Nouria, ____________________ *(se moquer)* d'elle.
4. Après le cours, Nouria, qui ____________________ *(se sentir)* très malheureuse,
   ____________________ *(s'éloigner)* sans dire au revoir à ses copains.
5. Alors, Babaka et Nathan sont allés la voir et ils ____________________ *(s'excuser)*.
6. Babaka a demandé: «Mais pourquoi est-ce que tu ____________________ *(s'endormir)*?
   Tu ____________________ *(se lever)* à 5 heures, ce matin, ou quoi»?
7. Et Nouria a expliqué: «Non, mais j'ai mal dormi. Hier soir, ma mère et moi,
   nous ____________________ *(se disputer)*».
8. Elle n'était pas contente parce que je ____________________ *(ne pas s'occuper)* de mon petit frère.
9. Nathan a dit: «Ne pense plus à tes problèmes, viens ____________________ *(se promener)* avec nous».
10. Et les trois amis ____________________ *(se promener)*. Tout l'après-midi,
    ils ____________________ *(bien s'amuser)*.
11. Mais Nathan ____________________ *(ne pas s'entraîner)* pour son numéro.
    Quand il est arrivé au cirque, son père ____________________ *(se disputer)* avec lui.

23 Un sondage

→ Die Brucnzahlen, GBH 3 § 15

Les élèves de 3e A du collège St-Exupéry ont interrogé 120 élèves pour faire un sondage. Ils ont posé des questions sur leur famille, leur collège et leur temps libre. Regardez les réponses et écrivez-les sous forme de fractions.

Exemple: 10 élèves ont répondu qu'ils font toujours tous leurs devoirs.
→ Un douzième des élèves fait toujours tous ses devoirs.

1. *La famille*

a) A la question «Avez-vous des frères et sœurs?», trois élèves sur cinq ont répondu «oui».
→ ____________________ des élèves ont des frères et sœurs.

b) 12 élèves vivent dans une famille avec trois enfants ou plus.
→ ____________________ des élèves vit dans une famille avec trois enfants ou plus.

c) 20 % des élèves ont des parents étrangers.
→ Les parents d'____________________ des élèves sont étrangers.

d) Sept élèves sur dix ont une mère qui travaille.
→ ____________________ des mères travaillent.

2. *Le collège*

a) Deux élèves sur trois prennent le métro ou le bus pour aller à l'école.
→ ____________________ des élèves vont à l'école en bus ou en métro.

b) 100 des 120 élèves interrogés mangent à la cantine le midi.
→ ____________________ des élèves mangent à la cantine le midi.

c) 48 élèves pensent qu'il n'y a pas assez d'heures de sport à l'école.

→ ______________________ des élèves pensent qu'il n'y a pas assez d'heures de sport à l'école.

d) 90 % des élèves trouvent qu'ils ont trop de devoirs.

→ Pour ______________________ des élèves, il y a trop de devoirs.

3. *Le temps libre*

a) 60 élèves font partie d'un club de sport.

→ ______________________ des élèves fait du sport dans un club.

b) 25 % des élèves ont déjà pris des cours de musique.

→ ______________________ des élèves a appris à faire de la musique.

c) 90 des 120 élèves passent plus d'une heure par jour à l'ordinateur.

→ ______________________ des élèves passent plus d'une heure par jour à l'ordinateur.

d) 105 élèves regardent la télé tous les jours.

→ ______________________ des élèves regardent la télé tous les jours.

e) … et 120 élèves aiment mieux aller au cinéma qu'apprendre leurs leçons.

→ … et ______________________ des élèves aiment mieux le cinéma que les leçons.

24 Tout compris?

Traduisez les phrases en français dans votre cahier.

1. Babaka und seine Brüder haben sich noch nicht an das Leben in Frankreich gewöhnt.
2. Was macht deine Mutter? Hat sie schon Arbeit gefunden *(mit Inversion)*?
3. Die beiden Freundinnen sind lange spazieren gegangen. Morgen werden sie sicher müde sein.
4. Nouria versteht problemlos (leicht) arabisch, aber sie spricht es schlecht. Das ist normal, denn das ist keine leichte Sprache.
5. Bodo ist nicht sehr nett. Ich habe ihm [ganz] nett dreiviertel meines Kuchens gegeben und trotzdem schaut er mich komisch an.

25 Qui sont-ils? Tu verras, c'est facile!

→ Die Bildung des *futur simple*, GBH 3 § 16

Pour trouver la réponse, mettez les verbes au futur et écrivez les formes dans la grille. Dans la colonne grise, vous pourrez lire les noms de quatre ados de Nice.

1. *jouer:* vous ______
2. *écrire:* elles ______
3. *courir:* tu ______
4. *désirer:* je ______
5. *dormir:* il ______
6. *venir:* nous ______
7. *acheter:* tu ______
8. *découvrir:* je ______
9. *appeler:* elle ______
10. *vouloir:* vous ______
11. *attendre:* tu ______
12. *aller:* nous ______
13. *être:* ils ______
14. *boire:* vous ______
15. *falloir:* il ______
16. *avoir:* j' ______
17. *vivre:* nous ______
18. *faire:* elles ______
19. *savoir:* je ______
20. *pleuvoir:* il ______
21. *commencer:* nous ______
22. *payer:* vous ______
23. *pouvoir:* elles ______
24. *envoyer:* tu ______

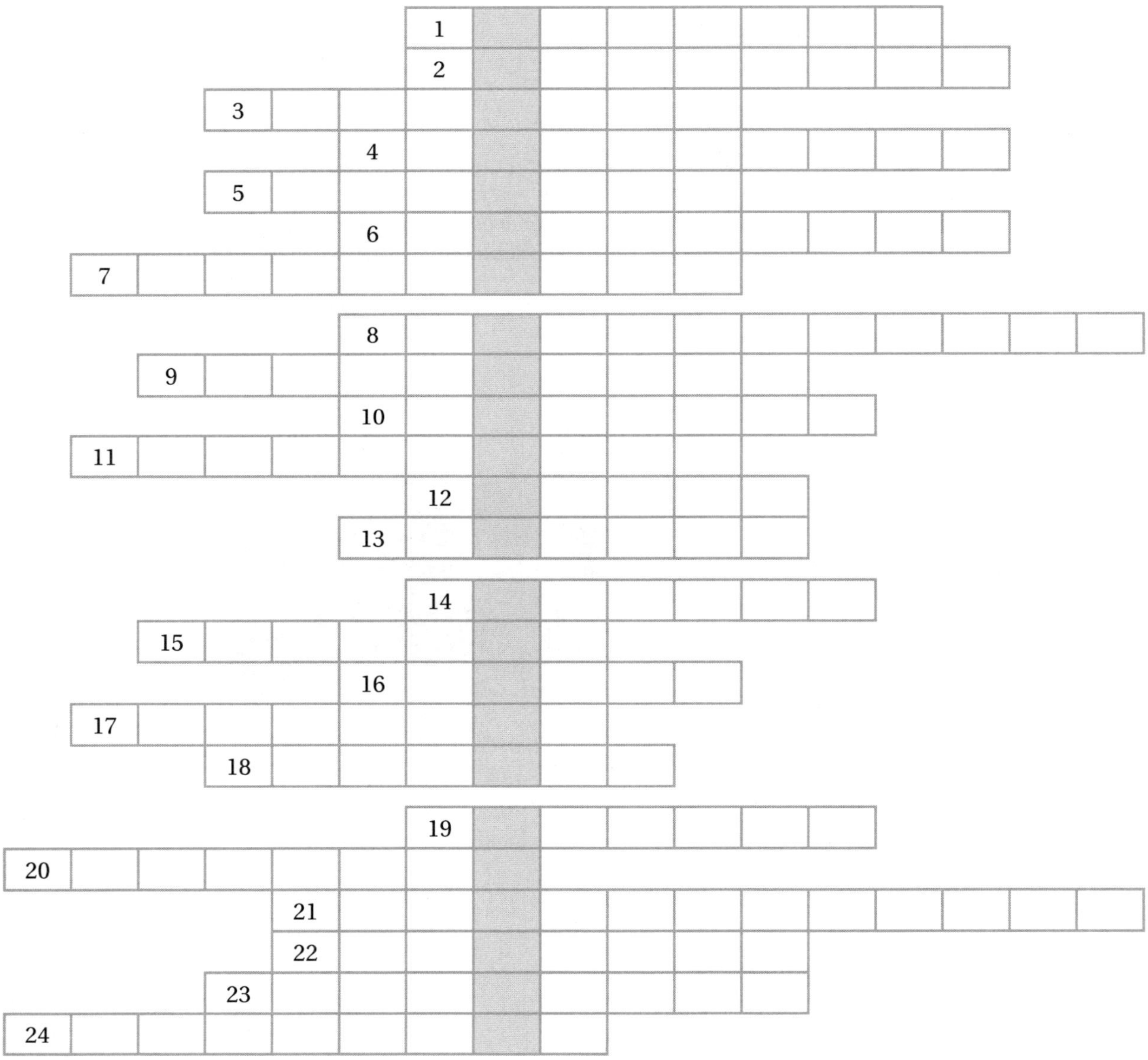

26 Les horoscopes[1]

→ Die Bildung des *futur simple*; Der Gebrauch des *futur simple*, GBH 3 § 16, § 17

Mettez les verbes au futur pour compléter le texte.

Samira: Qu'est-ce que tu fais, Elodie?

Elodie: Je lis les horoscopes dans le journal. Tu veux savoir ce qui t'__________ *(arriver)* la semaine prochaine?

Samira: Oui, pourquoi pas?

Elodie: Alors, voyons … «Poissons». Oh! «Vous __________ *(passer)* une semaine difficile. Il vous __________ *(falloir)* beaucoup de courage. Vous __________ *(se sentir)* fatiguée et vous __________ *(devoir)* peut-être aller voir un médecin».

Samira: Moi? Mais je vais très bien!

Elodie: Aujourd'hui, oui; mais tu ne sais pas comment tu __________ *(aller)* demain. Bon, ce ne __________ *(être)* sûrement pas grave. Mais ils écrivent que tu __________ *(être)* souvent énervée et que tu __________ *(se disputer)* avec ta famille. Et tu __________ *(avoir)* aussi des problèmes d'argent. Regarde, c'est écrit là: «Ne jouez pas ou vous __________ *(perdre)* tout».

Samira: Mais il est complètement nul, cet horoscope! Et pour toi? Qu'est-ce qu'ils disent?

Elodie: Oh, pour moi, tout va bien. «Les étoiles __________ *(être)* avec vous pendant toute la semaine. Vous __________ *(pouvoir)* faire ce que vous __________ *(vouloir)*: vous __________ *(réussir)* tout ce que vous __________ *(faire)*».

Samira: Ce n'est pas juste!

Elodie: Et ce n'est pas tout. Je __________ *(rencontrer)* des gens sympas ou je __________ *(revoir)* des amis qui habitent loin d'ici. En plus, je __________ *(recevoir)* un cadeau qui me __________ *(plaire)* beaucoup.

Samira: Eh ben, tu as de la chance, toi! Moi, je ne __________ *(lire)* plus jamais mon horoscope. Comme ça, si ça doit aller mal, je ne le __________ *(savoir)* pas avant.

27 C'est Elodie qui répond au journaliste

→ Die Hervorhebung mit „c'est … qui", „c'est … que", GBH 3 § 18

Un journaliste de «Nice-Matin» est venu poser des questions à Elodie. Mais il n'a pas bien préparé son interview. Il ne sait rien sur le groupe «Nice & Forts». Heureusement, Elodie est là. Pour répondre aux questions, utilisez la mise en relief avec «c'est … qui» ou «c'est … que».

Exemple:

Journaliste: Qui a trouvé le nom du groupe? Vos parents?

Elodie: Pas du tout! __________. (nous)
→ C'est nous qui avons trouvé le nom du groupe.

Journaliste: Tu as connu Bruno au collège, je crois.

Elodie: Non, __________. (à l'école de musique)

Journaliste: Ah oui, c'est vrai. Il prenait des cours de piano.

Elodie: Mais non, __________. (des cours de guitare)

1 **un horoscope** ein Horoskop

»

Journaliste: Mais alors, Bruno n'est pas le batteur de «Nice & Forts»?

Elodie: Bien sûr que non, ______________________________. (Jérémie)

Journaliste: Et qui est la chanteuse? Toi ou Samira?

Elodie: ______________________________. (moi)

Journaliste: Qui est la plus jeune de votre groupe? C'est toi?

Elodie: Non, moi, j'ai 17 ans. ______________________________. (Samira)

Journaliste: Quand vas-tu passer ton bac? Dans 2 ans?

Elodie: Ah non, ______________________________. (l'année prochaine)

Journaliste: On m'a dit que tu étais très sportive. C'est bien toi qui joues au rugby?

Elodie: Non, non! ______________________________. (Jérémie)

Journaliste: Vous allez bientôt passer à la télé, sur Canal + …

Elodie: Non, pas sur Canal +, ______________________________. (France 3)

Journaliste: Eh bien, bravo! Et moi, j'irai vous écouter en concert sur la plage de Nice, le 17 juillet.

Elodie: Mais … le 17 juillet, nous serons à Antibes. ______________________________. (Le 14 juillet)

28 Ah là là, les vacances!

→ Die Hervorhebung mit „c'est … qui", „c'est … que", GBH 3 § 18

Jérémie est en vacances avec sa famille. Ce matin, il est fatigué et il n'a pas envie d'aider sa mère. Complétez le dialogue. Utilisez la mise en relief «c'est qui» ou «c'est que» et conjuguez le verbe entre parenthèses.

La mère: Jérémie, tu veux bien aller acheter du pain pour le petit-déjeuner?

Jérémie: Ah non, j'en ai marre, ________ toujours moi ________ ________ *(devoir)* faire les courses.

La mère: Ne dis pas de bêtises. Hier, ________ à tes sœurs ________ j'________________ *(demander)* d'aller à la boulangerie.

Jérémie: C'est pas vrai: mes sœurs, ________ mercredi ________ elles ________________ *(faire)* les courses. En plus, je suis fatigué et je n'ai pas faim. Alors, ce n'est sûrement pas moi ________ ________________ *(se lever)* pour aller chercher du pain. Vas-y toi, ________ toi ________ ________________ *(oublier)* d'en acheter, non?

La mère: Oh, d'accord, on peut changer. A partir d'aujourd'hui, ________ toi et tes sœurs ________ ________________ *(préparer)* tous les repas, ________ vous ________ ________________ *(ranger)* la maison, et ________ moi ________ ________ *(faire)* les courses. ________ ça ________ tu ________________ *(vouloir)*?

Jérémie: Non, non, ok … je sais bien que ________ toi ________ ________ *(avoir)* le plus de travail, pendant les vacances. Bon, je vais l'acheter, ton pain. Mais demain, ________ mes sœurs ________ ________________ *(se lever)*, d'accord?

La mère: D'accord, et merci. Mais pourquoi est-ce que ________ toujours pendant les vacances ________ on ________________ *(se disputer)* le plus?

29 Vous me suivez?

→ Die Verben „suivre", „mourir" und „s'asseoir", GBH 3 § 19, § 20, § 21

Complétez la grille.

	suivre	mourir	s'asseoir
présent	tu ______ vous ______	nous ______ ils ______	ils ______ nous ______
imparfait	je ______ nous ______	elle ______ ils ______	je ______ vous ______
passé composé	tu ______ elles ______	elle ______ ils ______	elles ______ il ______
futur	je ______ il ______	tu ______ vous ______	tu ______ ils ______

30 Tout compris?

a *Marquez d'une croix la forme correcte.*

1. C'est Elodie
   - ☐ qui chante le mieux.
   - ☐ que chante le mieux.
2. Ce n'est pas moi
   - ☐ qui ai pris ton portable.
   - ☐ qui a pris ton portable.
3. C'est avec Bruno
   - ☐ qui a parlé.
   - ☐ qu'il a parlé.
4. Est-ce que c'est toi
   - ☐ qu'as pris cette photo?
   - ☐ qui as pris cette photo?
5. C'est à 10 heures du matin
   - ☐ que l'accident est arrivé.
   - ☐ qui l'accident est arrivé.
6. C'est au mois d'août
   - ☐ qui vont prendre leurs vacances.
   - ☐ qu'ils vont prendre leurs vacances.
7. Le rap, c'est la musique
   - ☐ qui je préfère.
   - ☐ que je préfère.
8. C'est nous
   - ☐ qui ont écrit cette chanson.
   - ☐ qui avons écrit cette chanson.

»

b *Elodie rêve de son avenir. Mettez les verbes au futur.*

Un jour, je ________________ *(être)* une star. Tout le monde me ____________________ *(connaître)*.
Je ________________________ *(chanter)* dans les plus grandes salles de concert, et tous mes fans m'________________________ *(applaudir)*. Toi, Jérémie, tu ________________ *(écrire)* des textes pour mes chansons. Bien sûr, vous trois, Samira, Bruno et toi, vous ________________________ *(jouer)* de la musique avec moi. Et tout le monde ______________ *(voir)* que les «Nice et Forts» sont vraiment forts.

c *Complétez les phrases avec les bonnes formes de «suivre», «mourir» et «s'asseoir».*

1. Quand est-ce qu'on mange? Je ______________ de faim.
2. ______________ -vous, s'il vous plaît.
3. Taxi! ______________ cette voiture.
4. Elle ________________________ à côté de moi et elle m'a parlé longuement.
5. – Eh bien, elle ne bouge pas beaucoup, ta souris. Elle ___________ peut-être ______________?
   – Mais non, tu es bête. Elle dort.
6. Je t'aimerai toujours et je te ______________ partout où tu iras.

31 Ne craignez rien!

→ Die Verben auf „-indre", GBH 3 § 22

T	N	E	D	N	E	T	T	A	P	E	I	N	T	T
P	L	A	I	G	N	A	I	E	N	T	B	R	É	N
E	N	T	E	N	D	U	P	E	I	N	S	S	T	E
I	A	T	T	E	N	D	A	I	T	I	D	A	E	I
N	Z	E	R	D	N	I	A	R	C	A	N	R	I	A
D	S	N	O	N	G	I	E	T	É	L	E	D	N	D
R	E	D	Z	E	I	N	G	I	E	P	T	N	D	N
O	C	R	A	I	G	N	E	N	T	T	N	I	R	E
N	A	O	Z	E	R	D	N	E	T	N	E	A	A	T
S	S	N	O	I	N	G	I	A	R	C	G	L	I	N
N	É	T	E	I	N	T	S	N	I	A	L	P	E	E
T	N	I	A	R	C	É	T	E	I	G	N	I	E	Z

Trouvez dans la grille les bonnes formes des verbes «craindre», «éteindre», «peindre», «se plaindre», «attendre» et «entendre», et écrivez-les ci-dessous. Il vous restera huit lettres pour former le mot-clé. Les verbes peuvent se lire de haut en bas, de bas en haut, de gauche à droite et de droite à gauche.

Exemple: *entendre:* tu as entendu (participe passé)

entendre: vous ______ (futur)
elles ______ (imparfait)
j'______ (présent)

éteindre: j'______ (futur)
vous ______ (imparfait)
on a ______ (participe passé)
nous ______ (présent)

craindre: elles ______ (présent)
nous ______ (imparfait)
ils ont ______ (participe passé)
vous ______ (futur)

attendre: elle ______ (imparfait)
ils ______ (présent)
elles ______ (futur)

peindre: tu as ______ (participe passé)
je ______ (présent)
nous ______ (futur)
vous ______ (imparfait)

se plaindre: ils se ______ (imparfait)
tu te ______ (futur)
je me ______ (présent)
il s'est ______ (participe passé)

Mot-clé: ______

32 Vous le ferez facilement

→ Die Bildung der Adverbien (II), GBH 3 § 23

Utilisez l'adjectif dans la marge (Rand), puis formez l'adverbe correspondant pour compléter les phrases.

Exemple: Cet exercice est *facile*. Vous le ferez *facilement*.

1. Ne conduis pas trop vite, cette route est ______; je trouve que tu conduis trop ______.

facile
dangereux

»

2. – Ne crains rien, mon chien n'est pas ______________.
   – Tu crois? Pourtant il me regarde ______________.
3. Elle n'est pas ______________ en anglais, mais elle parle très ______________ l'allemand.
4. Je lui ai dit: «Ne grimpe pas là, tu vas tomber, c'est ______________»! Mais il ne m'a pas écouté, et ______________, il est tombé.
5. Ma grand-mère fait les ______________ crêpes du monde; personne ne sait faire les crêpes ______________ qu'elle.
6. Avec mes deux ______________ paquets, j'ai eu ______________ de problèmes pour monter dans le train.
7. Alors, c'est bien ______________? On va ______________ aller à Marrakech pour les vacances?
8. Tu verras, elle est très ______________. Elle va sûrement t'aider si tu lui demandes ______________.
9. Ma sœur est très ______________ de moi. Nous pensons toujours ______________.

méchant – bon – évident – meilleur – énorme – vrai – gentil – différent

33 Allô, Samira, tu vas bien?

→ Das Adjektiv als Adverb, GBH 3 § 24

Amélie téléphone à son amie Samira. Complétez leur dialogue. Formez l'adjectif, l'adverbe ou l'adjectif employé comme adverbe à partir des mots suivants:

(1) dernier – (2) fort – (3) mauvais – (4) meilleur – (5) bon – (6) dur – (7) énorme – (8) prochain – (9) nouveau – (10) évident – (11) cher – (12) gratuit – (13) heureux – (14) beau – (15) gentil – (16) amoureux – (17) parfait – (18) vrai – (19) faux – (20) drôle

– Allô, Samira? C'est Amélie. Comment ça va depuis notre (1) ______________ rencontre?
– Qui? Ah, c'est toi, Amélie? Parle plus (2) ______________, je t'entends très (3) ______________. Attends, la musique est trop (2) ______________. Voilà, maintenant ça va (4) ______________. Ecoute, pour moi, tout va très (5) ______________: avec le groupe, nous travaillons (6) ______________, mais nous commençons à avoir (7) ______________ de succès. Le mois (1) ______________, nous avons fait trois concerts et (8) ______________, nous allons enregistrer un (9) ______________ album.
– Oh, super! Je vais l'acheter, (10) ______________. Enfin … s'il ne coûte pas trop (11) ______________.
– Ne crains rien, je te l'enverrai (12) ______________, tu es ma (4) ______________ amie. Et toi, comment tu vas? Tu es toujours aussi (13) ______________ avec ton (9) ______________ copain?
– Oh, oui! Il est (14) ______________, il est (15) ______________, il sent (5) ______________… et il est très (16) ______________ de moi. Nous sommes (17) ______________ (13) ______________ ensemble. Sauf quand il chante. Là, c'est (18) ______________ l'horreur parce qu'il chante (19) ______________.
– Ah, ça, (10) ______________, c'est pas (20) ______________. Mais que veux-tu? Personne n'est (17) ______________!

34 Tout compris?

Cochez la bonne réponse.

1. Elodie a
   - ☐ peigné
   - ☐ peindu
   - ☐ peint

   une affiche.

2. Les élèves
   - ☐ se plaignent
   - ☐ se plainent
   - ☐ se plaindent

   parce qu'ils ont trop de devoirs.

3. C'est toi qui as fait cette tarte aux pommes? Elle sent
   - ☐ bien.
   - ☐ bon.
   - ☐ bonne.

4. Il n'a pas compris la leçon, alors
   - ☐ évidemment,
   - ☐ évidamment,
   - ☐ évidentement,

   il a une mauvaise note.

5. Ma sœur chante
   - ☐ fausse.
   - ☐ faut.
   - ☐ faux.

6. Quand nous étions petits, nous
   - ☐ craignons
   - ☐ craignions
   - ☐ craindions

   les chiens des voisins.

7. Mon dernier livre a eu
   - ☐ énormement
   - ☐ énorme
   - ☐ énormément

   de succès.

35 Vous ne devriez pas avoir de problèmes

→ Die Bildung des *conditionnel présent*, GBH 3 § 25

Ecrivez les formes du conditionnel dans les cases.

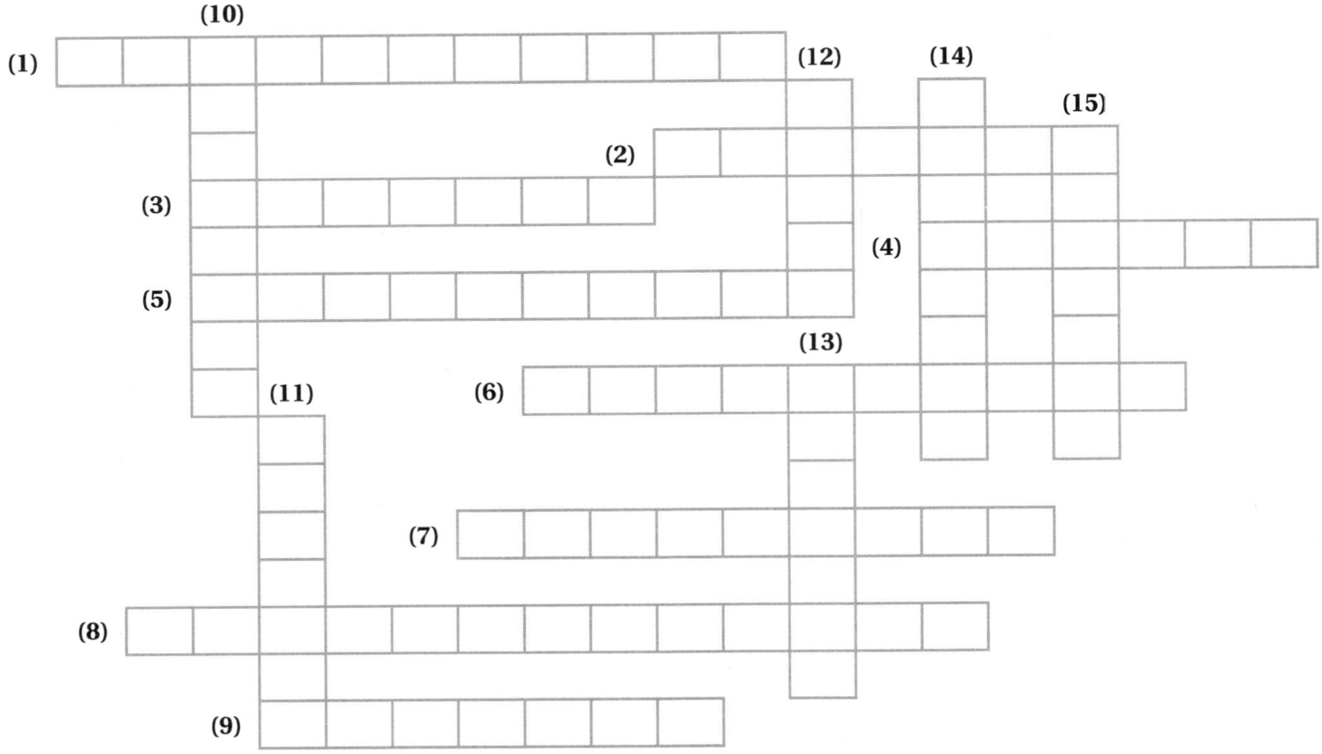

Horizontal
1) elles *(envoyer)*
2) nous *(faire)*
3) vous *(devoir)*
4) il *(rire)*
5) j' *(acheter)*
6) nous *(recevoir)*
7) vous *(venir)*
8) elles se *(promener)*
9) tu *(savoir)*

Vertical
10) on *(vouloir)*
11) nous *(avoir)*
12) tu *(aller)*
13) vous *(voir)*
14) il *(courir)*
15) nous *(être)*

36 Pourrais-tu m'aider?

→ Der Gebrauch des *conditionnel présent*, GBH 3 § 26

Mettez les verbes entre parenthèses au conditionnel présent et indiquez dans la marge quelle est dans chaque phrase la fonction du conditionnel (Wunsch, Vermutung, Ratschlag, Möglichkeit, höfliche Bitte).

Exemple: (Pouvoir) Pourrais - tu m'aider à faire mes devoirs? | höfliche Bitte

1. Elle a l'air sympa, ta cousine. J'*(aimer)* ____________ beaucoup la connaître. ____________
2. *(Être)* ____________-il possible de parler à M. Dufour? ____________
3. Ce soir, on *(pouvoir)* ____________ aller au cinéma, non? ____________
4. Tu ne *(devoir)* ____________ pas fumer, c'est mauvais pour la santé. ____________
5. Sur la plage, on *(être)* ____________ mieux qu'ici. ____________
6. *(Pouvoir)* ____________-vous me dire où est la rue St-Bernard, s'il vous plaît? ____________
7. Après mon bac, je *(pouvoir)* ____________ passer un an en Allemagne. ____________
8. Si j'étais toi, je *(prendre)* ____________ le train de 10 h 30. ____________
9. Plus tard, je *(vouloir)* ____________ être pilote. ____________
10. Sans mes copains, je *(se sentir)* ____________ très seul. ____________

37 C'est bientôt les vacances! (I)

→ Der Bedingungssatz, GBH 3 § 27

Complétez le dialogue.

En classe.

– Eh, Elodie, tu dors?

– Euh … non, je rêve de mes prochaines vacances. J'espère qu'on va revenir à Fécamp. S'il __________ *(faire)* beau, nous irons à la plage tous les jours, et s'il y a du vent, nous __________ *(pouvoir)* faire de la voile. Et le soir, si mes parents sont d'accord, je __________ *(retrouver)* mes copains sur le port. Je suis sûre que je m'amuserai bien, surtout si David __________ *(être)* là.

– Et s'il __________ *(pleuvoir)* qu'est-ce que tu feras?

– Je dormirai jusqu'à midi si ma petite sœur ne __________ *(faire)* pas trop de cirque, et ensuite, si je n'ai pas envie de me promener sous la pluie, j'__________ *(appeler)* mes copains, et nous irons tous ensemble au cinéma s'il y __________ *(avoir)* un bon film. Et toi, qu'est-ce que tu vas faire pendant les vacances?

– Moi? C'est l'horreur! Mes parents disent que si je continue à avoir des mauvaises notes, ils m'__________ *(envoyer)* chez mon oncle qui est prof.

– Mais travaille, alors! Si tu __________ *(travailler)* bien, tu auras des bonnes notes.

38 C'est bientôt les vacances! (II)

→ Der Bedingungssatz, GBH 3 § 27

Complétez le dialogue.

En classe.

– Eh, Elodie, tu dors?

– Euh … non, je rêve de mes prochaines vacances. Ce serait super si on __________ *(aller)* à Fécamp. S'il __________ *(faire)* beau, nous irions à la plage tous les jours, et s'il y avait du vent, nous __________ *(pouvoir)* faire de la voile. Et le soir, si mes parents __________ *(être)* d'accord, je retrouverais mes copains sur le port. Je suis sûre que je __________ *(s'amuser)* bien, surtout si David était là.

– Et s'il __________ *(pleuvoir)*, qu'est-ce que tu ferais?

– Je __________ *(dormir)* jusqu'à midi si ma petite sœur ne faisait pas trop de cirque, et ensuite, si je n'__________ *(avoir)* pas envie de me promener sous la pluie, j'appellerais mes copains, et nous __________ *(aller)* tous ensemble au cinéma s'il y avait un bon film. Et toi, qu'est-ce que tu vas faire pendant les vacances?

– Moi? C'est l'horreur! Mes parents m'ont dit que si je continuais à avoir des mauvaises notes, ils m'__________ *(envoyer)* chez mon oncle qui est prof.

– Mais travaille, alors! Si tu __________ *(travailler)* bien, tu aurais des bonnes notes.

39 Adeline téléphone à sa copine

→ Der Bedingungssatz, „si" oder „quand", GBH 3 § 27, § 28

Traduisez les phrases dans votre cahier.

– Hallo, Chloé? Am kommenden Samstag, veranstalte (mache) ich ein Fest bei mir. Kannst du kommen?

– Ja, ich würde gerne kommen. Wenn mich jemand am Bahnhof abholen kann, komme ich.

– Ok, wenn du vor 6 Uhr ankommst, kann dich mein Vater abholen.

– Kein Problem. Wenn ich den Zug um 5 Uhr 12 nehme, bin ich sicher vor 6 Uhr da. Ich rufe an, wenn ich am Bahnhof ankomme. Sag (mir), wird Jonathan da sein?

– Das ist nicht sicher. Er kommt, wenn er nicht zu viel Arbeit hat.

– Oh, ich hoffe, er kann kommen. Wir lachen immer viel, wenn er da ist. Sag ihm, ich wäre (würde sein) sehr glücklich, wenn ich ihn sehen könnte.

– Einverstanden! Wenn ich ihm sage, dass du am Samstag da bist, kommt er sicher, sogar wenn er sehr müde ist. Wenn er von dir spricht, hat er immer so ein merkwürdiges Lächeln...

40 Quand j'aurai mon bac ...

→ „Si" oder „Quand"?, GBH 3 § 28

Reliez les parties de phrases qui vont ensemble. Faites attention au contexte!

1. Quand j'aurai mon bac,	a) je deviendrais pompier.
2. Si j'avais beaucoup d'argent,	b) je suis parfaitement heureux.
3. Si tu vois un feu,	c) je t'en donnerai la moitié.
4. Quand j'écoute de la musique,	d) il faut appeler les pompiers.
5. S'il ne m'invite pas à son anniversaire,	e) j'achèterais un bateau à voile.
6. Si un jour je gagne 1 million d'euros,	f) je n'irais pas à sa fête.
7. Même si elle m'invitait,	g) je ne lui offrirai pas de cadeau.
8. Si j'avais moins peur du feu,	h) j'irai passer un an en Espagne.

41 On y va, si tu as envie

→ Die Pronomen „en" und „y", GBH 3 § 29

Employez «en» et «y» pour compléter le dialogue entre Adeline et Jonathan.

– Salut, Adeline! Tu vas à ton cours de musique?

– Non, j'______ viens. Eh, demain, je vais au concert des «Nice & Forts». Tu n'as pas envie d'______ aller avec moi?

– Oh, si, j'______ ai bien envie, mais je n'ai pas de ticket.

– Pas grave, j'______ ai, moi, des tickets. Je peux t'______ donner un si tu veux.

– C'est vrai? Super, merci. Et, euh ... tu pourrais aussi m'______ donner deux? Comme ça, Cécile pourrait ______ aller avec nous.

– Ah non! Pas question. Si c'est comme ça, n'______ parlons plus. Je veux bien ______ aller avec toi, à ce concert, mais si tu ______ invites une autre fille ...

– Mais non, tu es bête. Cécile, c'est ma sœur. Hier, c'était son anniversaire et je n'______ ai pas pensé. Mais dis-moi, pourquoi est-ce que tu as tous ces tickets?

– L'année dernière, je suis allée à Nice. J'______ ai passé 3 semaines et j'______ ai rencontré Jérémie, le batteur. Depuis, quand le groupe donne un concert, il m'______ invite toujours. J'ai aussi des CD:

il m'______ a envoyé dix. Tu ______ veux un?

– Euh … si tu pouvais m'______ donner deux, ce serait parfait. Comme ça, j'aurais déjà un cadeau d'anniversaire pour ma mère …

42 Un peu d'ordre

→ Die Pronomen „en" und „y", GBH 3 § 29

Mettez les phrases dans le bon ordre.

1. Elle a des problèmes, mais [veut] [nous] [ne] [en] [pas] [parler] [elle]
____
2. Si tu vas chez Jonathan, [sa] [tu] [y] [sûrement] [sœur] [rencontreras]
____
3. Il m'a raconté son histoire, mais [je] [attention] [y] [fait] [n'] [pas] [ai]
____
4. Tu veux du coca? [viens] [en] [je] [d'] [acheter]
____
5. Est-ce que tu as déjà fait les courses? [non,] [allée] [pas] [y] [je] [n'] [suis] [encore]
____
6. Il nous faut des oranges pour le dessert. [je] [d'accord,] [en] [deux] [vais] [prendre] [kilos]
____
7. Tu es allé au cinéma? [oui,] [y] [bien] [suis] [en] [je] [j'] [amusé] [reviens] [et] [m']
____

43 Tout compris?

Corrigez les fautes, quand il y en a.

Exemple: Si je passerais un an en Allemagne, je parlerais très bien allemand.
→ Si je **passais** un an en Allemagne, je parlerais très bien allemand.

1. Si tu déménages, nous ne nous verrions plus.
____
2. Si les gens feraient plus attention, il y aurait moins de feux.
____
3. Il n'y a plus de pain, j'en ai oublié d'acheter.
____
4. Quand tu la vois, tu la reconnaîtras tout de suite.
____
5. Si tu apprenais tes leçons, tu aurais des bonnes notes.
____
6. Je connais ce restaurant, je suis y allée samedi dernier.
____
7. Si tu ne feras pas attention, tu ne comprendras rien.
____

44 Il faut que vous appreniez vos verbes!

→ Die Bildung des *subjonctif présent*, GBH 3 § 30

Complétez la grille.

infinitif	présent	imparfait	subjonctif
monter	tu ___	on ___	que vous ___
partir	je ___	ils ___	que je ___
appeler	elle ___	il ___	qu'elle ___
devoir	vous ___	nous ___	que je ___
décrire	tu ___	elles ___	que tu ___
être	nous ___	vous ___	qu'ils ___
vouloir	je ___	nous ___	que tu ___
avoir	ils ___	elles ___	que nous ___
faire	vous ___	je ___	qu'elles ___
aller	tu ___	nous ___	qu'on ___
savoir	nous ___	on ___	que vous ___
acheter	j'___	tu ___	que nous ___
pouvoir	elles ___	vous ___	que je ___
réussir	ils ___	tu ___	que nous ___
attendre	j'___	nous ___	que tu ___
revoir	ils ___	je ___	que vous ___

45 Quelle chance qu'il fasse beau!

→ Der Gebrauch des *subjonctif*, GBH 3 § 31

Transformez les phrases. Utilisez le subjonctif ou l'infinitif.

Exemple: Il fait beau. C'est une chance.
→ C'est une chance qu'il fasse beau.

1. Vous vous moquez toujours de moi. Ça ne me plaît pas.
   → ___
2. Je vais avoir une mauvaise note. J'en ai bien peur.
   → ___
3. On va au cinéma? J'en ai très envie.
   → ___
4. C'est bête. Laure ne peut pas venir à ma fête.
   → ___

5. Finis tes devoirs maintenant; je le veux.

   → ______________________________

6. J'ai mal à la tête et je déteste ça.

   → ______________________________

7. Vous venez avec moi? J'aimerais bien.

   → ______________________________

8. Son travail lui plaît. J'en suis heureuse.

   → ______________________________

9. Parlons avec elle, c'est nécessaire.

   → ______________________________

10. Mon chien ne veut rien manger. Je trouve ça bizarre.

    → ______________________________

11. Nous partons en vacances en septembre. Nous préférons.

    → ______________________________

46 J'aimerais bien qu'on soit en vacances …

→ Der Gebrauch des *subjonctif*, GBH 3 § 31

*Employez les verbes dans la marge pour compléter le dialogue. Si la forme est identique, précisez s'il s'agit d'un subjonctif (**S**) ou d'un indicatif (**I**).*

Alexandre: Qu'est-ce que vous allez faire, vous, pendant les vacances?	
Farid: Je ne sais pas encore. Moi, j'aimerais bien qu'on ______ chez	aller
mes grands-parents à Marrakech, mais cette année, ma mère préférerait	
qu'ils ______ nous voir à Marseille.	venir
Elodie: Moi, je sais où on va aller. Mes parents veulent que nous ______ nos vacances	passer
dans les Pyrénées. Ma mère voudrait que nous ______ à l'hôtel, mais mon père	aller
pense que c'______ trop cher. Lui, il propose qu'on ______ du camping.	être / faire
Farid: Et toi, qu'est-ce que tu en penses?	
Elodie: Moi, je pense que c'______ très bien, le camping. J'espère seulement	être
qu'il ne ______ pas.	pleuvoir
Laure: Je trouve que tu ______ de la chance. Moi, je voudrais bien que mes parents	avoir
______ de se disputer. Ma mère veut que mon père ______ ses vacances	arrêter / prendre
en juillet, mais lui, il préfère que nous ______ en août. Si ça continue, j'ai bien	partir
peur qu'on ne ______ pas du tout.	partir
Alexandre: Ne crains rien, je suis sûr qu'ils ______ trouver une solution.	aller
Laure: Peut-être, oui … enfin, c'est une chance qu'ils ______ encore trois mois pour	avoir
trouver une solution.	
Alexandre: Mes parents, eux, sont tout à fait d'accord: «Alex, en allemand,	
c'est la catastrophe, il faut que ça ______.»	changer
Elodie: C'est vrai que tes notes ne ______ pas vraiment bonnes …	être

»

Alexandre: Tiens, ça m'amuse que tu ____________ ça, toi. Je crois que je ____________ aussi bon que toi en allemand. Et tu vas voir, après les vacances, je pense que je ____________ meilleur que toi: je vais à Hambourg chez mon corres. — dire / être — être

47 Vos devoirs, vous les avez faits?

→ Die Veränderlichkeit des *participe passé* beim *passé composé* mit „avoir", GBH 3 § 33

Cochez la bonne solution.

1. Voici la lettre que les élèves ont ☐ écrit. ☐ écrite. ☐ écrits.

2. Elle a perdu l'argent que nous lui avions ☐ donnée. ☐ donné. ☐ donnés.

3. Regarde, c'est l'actrice que nous avons ☐ vue ☐ vu ☐ vus hier à la télévision.

4. Pour mon anniversaire, mes parents m'ont ☐ offerts ☐ offert ☐ offerte une robe.

5. Tu cherches tes lunettes? Je les ai ☐ posé ☐ posée ☐ posées sur la table.

6. Nous avons visité cette église dont vous nous aviez ☐ parlé. ☐ parlée. ☐ parlés.

7. Il n'y a plus de pommes, Alexandre les a ☐ mangées. ☐ mangé. ☐ mangée.

8. Voilà la photo que Farid a ☐ envoyé. ☐ envoyée. ☐ envoyés.

48 Chère Mamie …

→ Die Veränderlichkeit des *participe passé* beim *passé composé* mit „avoir“, GBH 3 § 33

Elodie écrit à sa grand-mère. Accordez le participe passé si c'est nécessaire.

Chère Mamie,

J'ai bien reçu ___ le paquet et la lettre que tu m'as envoyé ___ pour mon anniversaire. Merci pour ce joli paquet. Quelle bonne surprise quand je l'ai ouvert ___! J'y ai découvert ___ mes bonbons préférés! Mais les amies que j'avais invité ___ les ont tous mangé ___. Heureusement, elles m'ont laissé ___ les 50 euros que tu avais caché ___ sous les bonbons. Avec cet argent, j'ai acheté ___ une robe que j'avais vu ___ dans un magasin et qui m'avait plu ___ tout de suite. (Je ne l'avais pas acheté ___ avant parce que je l'avais trouvé ___ un peu trop chère). Je t'envoie aussi des photos que j'ai pris ___ pendant la semaine que j'ai passé ___ à Hambourg avec ma classe. Je sais que c'est une ville où tu as vécu ___ pendant deux ans et que tu as beaucoup aimé ___. Mais depuis, je pense qu'elle a bien changé ___.

Merci encore et grosses bises,

Elodie ♡

49 Celui-ci ou celui-là?

→ Die Demonstrativpronomen, GBH 3 § 32

Complétez le dialogue. Utilisez des adjectifs démonstratifs (ce/cet/cette/ces) ou des pronoms démonstratifs (celui/celle/ceux/celles).

Laure et Elodie se baladent dans la rue.

Elodie: J'adore ________ magasin. Tu le connais?

Laure: ________________ est à côté de la crêperie? Oui. C'est ________________ j'ai acheté ________ pantalon.

Elodie: ________________? Il est super! Viens, on entre.

Laure: Oh, regarde ________ robes. Elles sont chouettes, non?

Elodie: Oui, surtout ________________; je l'aime beaucoup.

Laure: Moi, ________________ je préfère, c'est ________________. Malheureusement, c'est ________________ est la plus chère.

Elodie: C'est pas grave, tu en trouveras une autre comme ________________ dans un autre magasin. ________ été, ________ robes sont à la mode. Eh, regarde: ici, ils vendent ________ lunettes de soleil géniales. Tu sais, ce sont ________________ je t'ai parlé hier. Comment tu les trouves?

Laure: Bof …, ________________ sont jolies, mais ________________ ne me plaisent pas du tout.

Elodie: Ah, ben zut alors, ce sont justement ________________ je voulais acheter.

Laure: Non, non! Si tu arrives au collège avec des lunettes de ________________ couleur, Farid et Alexandre vont se moquer de toi.

Elodie: Oh, ________________, ils m'énervent.

	m.	*f.*				
Sg.	**celui**	**celle**				
			+	-ci / -là	qui / que / dont / où	de / pour / avec / sans …
Pl.	**ceux**	**celles**				

50 Tout compris?

a *Faites des phrases.*

Exemple: je voudrais – tu – venir avec moi
→ Je voudrais que tu viennes avec moi.

1. je suis content – que – vous – aimer – affiches – que – je – dessiner *(passé composé)*

   ____

2. j'espère – il – faire des photos – villes – qu' – il – visiter *(passé composé)*

   ____

3. il faut – que – vous – me donner – l'adresse – librairie – dont – vous – me parler *(passé composé)*

   ____

4. elle – venir *(passé composé)* – chercher – les CD – qu' – elle – oublier *(plus-que-parfait)* – chez moi

   ____

5. je trouve bizarre – qu' – elle – ne pas avoir envie *(présent)* – aller – fête

   ____

6. je crois – qu' – ils – ne pas recevoir *(passé composé)* – lettre – je – leur – envoyer *(plus-que-parfait)*

   ____

b *Utilisez les pronoms et adjectifs démonstratifs ci-dessous pour compléter les phrases.*

ces
celui-là
Celui-ci
ceux de
cette
ce
celles dont
ces
celui qui
celle où

1. Quel film est-ce qu'on va voir? ____________ ou ____________?
2. J'adore ____________ rue, c'est ____________ il y a le plus de magasins.
3. Tu vois ____________ deux filles, là-bas? Ce sont ____________ je t'ai parlé l'autre jour.
4. Ne prends pas ____________ CD, ce sont ____________ ta sœur.
5. Je déteste ____________ prof, c'est ____________ nous donne le plus de devoirs.

51 Françaises, Français …

→ Ländername (*Révisions*), GBH 3 § 34

Remplissez la grille.

Capitale	Pays	Habitants
Exemple: Berlin	l'Allemagne *f*	un(e) Allemand(e)
1. Alger	______	______
2. Londres	______	______
3. ______	le Viêt-nam	______
4. Rome	______	______
5. ______	______	un(e) Marocain(e)
6. Yaoundé	______	______
7. ______	le Canada	______
8. Bruxelles	______	______
9. Pékin	______	______
10. ______	______	un Turc, une Turque
11. Varsovie	______	______
12. Berne	______	______
13. ______	______	un(e) Sénégalais(e)
14. Madrid	______	______
15. ______	______	un(e) Tunisien(ne)
16. Paris	______	______
17. Vienne	______	______
18. Amsterdam/la Haye	______	______
19. ______	______	un(e) Américain(e)
20. Moscou	______	______

52 Une lettre d'Amérique

→ Präposition + Ländernamen, GBH 3 § 34

Complétez le texte.

– Tiens, Alex, il y a une lettre pour toi. Elle vient ______ Etats-Unis.

– Oh, super! C'est Tom, mon copain américain que j'ai connu ______ Italie.

– Oui, il est très sympa. Mais je croyais qu'il était canadien …

– Moi aussi, au début, je croyais qu'il venait ______ Canada parce qu'il parlait bien français, mais ensuite,

»

il m'a expliqué qu'il avait passé trois ans ________ Suisse. Il parle aussi très bien espagnol parce que sa mère vient ________ Amérique du Sud. Il m'écrit qu'il veut faire un voyage ________ Europe, l'été prochain. Il veut aller ________ Pays-Bas, ________ Allemagne, ________ Autriche, ________ France et ________ Espagne. Il demande s'il pourra venir me voir.

– Si c'est pendant nos vacances, il faudra qu'il aille ________ Portugal pour nous voir.

– Ah bon? On ne retourne pas ________ Maroc, comme l'année dernière?

– Non, cette fois-ci, j'ai envie de visiter ________ Portugal. En tout cas, il voyage beaucoup, ton copain. L'année dernière, il t'a envoyé une carte postale ________ Australie, je crois.

– Oui, c'est ça. J'aimerais beaucoup aller ________ Australie, moi aussi. Mais j'aimerais aussi aller ________ Chine ou ________ Viêt-nam. La prof de géo nous a montré des photos ________ Viêt-nam, ça a l'air super.

– Oui, c'est sûrement très beau … Tiens, regarde, il y a aussi une carte postale ________ Afrique: «Grosses bises ________ Cameroun à toute la famille. Tante Cécile».

– Elle est ________ Cameroun? Eh ben … elle a de la chance, elle!

53 C'est très simple!

→ Das *passé simple*, GBH 3 § 35

Complétez la grille.

passé simple	passé composé	infinitif
Exemple: il écrivit	il a écrit	écrire
1. on comprit		
2. elle vint		
3. ils voulurent		
4. il fit		
5. elles partirent		
6. elle commença		
7. ils mangèrent		
8. il fut		
9. elles allèrent		
10. on découvrit		
11. ils dirent		
12. elles eurent		

54 Au voleur!

→ Das *passé simple*, GBH 3 § 35

Complétez le texte avec les verbes suivants.

put allèrent entra prirent demandèrent posèrent expliqua arrivèrent arriva
cherchèrent virent ouvrit prit comprit dit retrouva appela sortit

Après le film, ils ______________ manger au restaurant, puis ils ______________ un taxi pour rentrer chez eux. Quand ils ______________ devant la porte, ils ______________ qu'elle n'était pas fermée. Bizarre! L'homme ________ à sa femme de l'attendre dehors et il ________ seul dans l'appartement. Là, il ______________ tout de suite que des voleurs étaient venus. Il ______________ toutes les portes et regarda dans toutes les pièces – il voulait être sûr qu'ils n'étaient plus là –, puis il ______________ et ______________ la situation à sa femme.

Elle ______________ son portable et ______________ la police qui ______________ rapidement. Les policiers ______________ des traces des voleurs et ______________ des questions à tous les voisins. Ils leur ______________ s'ils avaient vu ou entendu quelque chose, mais personne ne ______________ leur dire ce qui s'était passé.

On ne ______________ jamais ni les voleurs, ni l'argent qu'ils avaient pris.

55 Tout compris?

Traduisez.

1. Ich bin nie in Polen gewesen, aber ich habe viele polnische Freunde.

____

2. Ich habe diesen Wein in Kanada gekauft, er kommt aber aus den USA.

____

3. Während meiner Ferien in den Niederlanden bin ich einer sehr sympathischen Belgierin begegnet.

____

4. Rabat ist in Marokko, nicht in Algerien.

____

5. Sie ist vor zwei Monaten aus China zurückgekommen. Jetzt würde sie gerne Südamerika besuchen.

____

56 Faites bien attention pour ne pas faire de fautes

→ Infinitivsätze mit „pour", „sans", „avant", „après", GBH 3 § 36

Reliez les parties de phrases qui vont ensemble. Faites attention au contexte!

Exemple: Parlons plus bas pour → d)

1. Tu ne sortiras pas avant
2. Elle est partie sans
3. Je n'ai pas assez d'argent pour
4. Il a eu mal au ventre après
5. N'allez pas au collège sans
6. Je préfère partir pour
7. Réfléchis avant
8. Tu pourras regarder la télé après
9. Il travaille tous les samedis dans une station-service pour

a) aller manger au restaurant.
b) dire un mot.
c) ne plus entendre vos bêtises.
d) ne pas faire de bruit.
e) d'avoir fini tes devoirs.
f) avoir rangé ta chambre.
g) être allé à la pizzeria.
h) ne rien devoir demander à ses parents.
i) de parler.
j) avoir appris vos leçons.

57 Elodie se lève pour faire un gâteau

→ Infinitivsätze mit „pour", „sans", „avant", „après", GBH 3 § 36

Transformez les phrases suivantes. Utilisez «pour», «sans», «avant», «après».

Exemple: Aujourd'hui, Elodie se lève tôt. Elle veut faire un gâteau pour l'anniversaire de sa mère.
→ Aujourd'hui, Elodie se lève tôt pour faire un gâteau pour l'anniversaire de sa mère.

1. D'abord, elle fait une liste. Elle ne veut rien oublier.

____

2. Elle part faire les courses, mais avant, elle met des vêtements chauds car il fait froid.

____

3. Quand elle quitte la maison, elle ne fait pas de bruit.

____

4. Dehors, elle marche vite. Elle ne veut pas avoir froid.

____

5. Elle marche pendant 20 minutes, puis elle arrive au supermarché.

____

6. Elle arrive à la caisse, mais avant, elle cherche son argent.

____

7. Mais elle ne le trouve pas. Quand elle est sortie, elle n'a pas pris son porte-monnaie.

____

8. Elle ne veut pas retourner à la maison parce qu'elle n'a pas acheté ce qu'il lui fallait.

____

9. Elle réfléchit un moment, puis elle trouve la solution.

____

10. Elle rentre chez elle, mais avant, elle demande des œufs et de la farine à la voisine.

____

58 Souvenirs

→ Das Relativpronomen „lequel" *(Révisions)*, GBH 3 § 8

Employez les prépositions ci-dessous et la forme correcte du pronom relatif «lequel» pour compléter le dialogue entre deux amies.

près avec sans dans dans depuis grâce à dans dans sur avec à dans pendant avec

– Alors, ces vacances en Italie, c'était bien? Tu as des photos?

– Bien sûr, j'avais pris l'appareil photo ____________ je ne voyage jamais, et ____________ j'ai maintenant des très belles photos. Tu veux les voir?

Regarde: là, tu vois la plage ____________ j'ai ramassé tous ces beaux coquillages, et là, le jardin ____________ il y avait des fruits délicieux, ____________ je faisais du jus de fruits tous les matins. Ça, c'est la chambre ____________ je dormais avec ses deux grandes fenêtres ____________ on voyait la mer. Notre maison était à 5 km du village. Voilà des photos du village ____________ j'habitais. Ça, c'est le petit port ____________ il y a des bateaux de toutes les couleurs. Et là, on voit une place où il y a des petits restaurants ____________ on peut manger du très bon poisson.

– Et ce garçon sur cette photo, qui c'est?

– Il est pas mal, hein? C'est Aldo, un guide ____________ j'ai fait des excursions.

– Et ____________ tu penses un peu trop souvent, non?

– Mais non! Il est canon, c'est vrai, et il m'a écrit une lettre ____________ il dit qu'il ne peut plus m'oublier, mais à mon avis, il écrit ça à toutes les jeunes touristes ____________ il fait des excursions.

– Alors, c'est les premières vacances ____________ tu n'es pas amoureuse!

59 Dans quel pays est-il?

→ „lequel" als Fragepronomen, GBH 3 § 37

Mme Carrère passe dire bonjour à sa voisine. Complétez le dialogue par une forme de «lequel» ou «quel». Ajoutez une préposition là où c'est nécessaire.

– Bonjour, Mme Martin. Oh, mais vous avez l'air triste! Ça ne va pas?

– Non, pas très bien. Mon fils passe 3 mois en Amérique du Sud.

– Votre fils? ____________?

– Le plus jeune. Il est parti seul, avec son sac à dos, et …

– Vous n'avez pas de nouvelles?

– Si, il m'envoie des cartes postales, mais … regardez cette carte, par exemple.

– ____________? Celle-ci?

– Oui. «J'ai déjà visité plusieurs pays …» Mais ____________ pays parle-t-il? ____________ a-t-il le plus aimé? ____________ est-ce qu'il est maintenant? Ou bien, celle-là: «J'ai quelques problèmes de santé …»

– Oh, mon Dieu! ____________ problèmes veut-il parler?

– Mais je n'en sais rien, justement.

– Il vous dit qu'il a des problèmes, mais il ne dit pas ________________. Ça, ce n'est pas gentil. Enfin, ce n'était sûrement pas grave. Oh, cette carte-là est très belle. Je peux lire? «Je suis sur une montagne, il fait froid mais c'est beau …»

– Bon, je sais qu'il est sur une montagne, mais ____________________? Et ____________________ région? Et là, Mme Carrère, lisez: «Je vous raconterai mes aventures plus tard …» Mais ________________ aventures est-ce qu'il parle? ________________ est-ce qu'il pense? Vraiment, je ne suis pas tranquille. Et ce matin, j'ai encore reçu cette carte: «Maman, si tu vois ma copine, fais-lui la bise pour moi …» ________________ de ses copines est-ce que je dois faire la bise? ________________ est-ce qu'il parle? ________________ est-ce qu'il sort en ce moment? Je ne le sais même pas. Ah, les enfants!

– Calmez-vous, Mme Martin, je suis sûre que votre fils va très bien. C'est ça le plus important, non?

60 Tout compris?

Cochez la bonne solution.

1. Ce matin,
   - ☐ après faire les courses, elle a pris le bus.
   - ☐ après d'avoir fait les courses, elle a pris le bus.
   - ☐ après avoir fait les courses, elle a pris le bus.

2. Il a quitté la fête
   - ☐ sans dire au revoir à ses amis.
   - ☐ sans de dire au revoir à ses amis.
   - ☐ sans pas dire au revoir à ses amis.

3. Je me couche à 9 h
   - ☐ pour pas être fatiguée demain.
   - ☐ pour ne pas être fatiguée demain.
   - ☐ pour pas n'être fatiguée demain.

4. Il a dû partir
   - ☐ avant avoir vu la fin du film.
   - ☐ avant voir la fin du film.
   - ☐ avant d'avoir vu la fin du film.

5. Dis-moi
   - ☐ lesquels livres tu veux lire.
   - ☐ des quels livres tu veux lire.
   - ☐ quels livres tu veux lire.

6. Marseille est la ville
   - ☐ dans laquelle je suis née.
   - ☐ dans quelle je suis née.
   - ☐ à laquelle je suis née.

7. Je sais que tu vas chez des amis, mais
   - ☐ chez quels?
   - ☐ chez lesquels?
   - ☐ auxquels?

8. J'irai te chercher à la gare.
   - ☐ A quelle heure arrives-tu?
   - ☐ A laquelle heure arrives-tu?
   - ☐ Quelle heure arrives-tu?

61 Il ne faudrait pas que vous fassiez trop de fautes

→ Die Bildung des *subjonctif présent*, GBH 4 § 1 *(siehe auch Übung 44)*

Trouvez les formes correctes et écrivez-les dans la grille.

Horizontalement		***Verticalement***
1. appeler *(présent indicatif)*: ils …	7. aller *(présent indicatif)*: ils …	12. pouvoir *(subjonctif)*: que tu …
2. manger *(imparfait)*: elle …	8. avoir *(subjonctif)*: que nous …	13. acheter *(présent indicatif)*: on …
3. aller *(subjonctif)*: qu'ils …	9. voir *(présent)*: elles …	14. envoyer *(imparfait)*: nous …
4. courir *(subjonctif)*: que tu …	10. commencer *(imparfait)*: je …	15. craindre *(présent)*: nous …
5. savoir *(subjonctif)*: que vous …	11. finir *(imparfait)*: ils …	16. dire *(subjonctif)*: que tu …
6. boire *(imparfait)*: vous …		17. faire *(subjonctif)*: qu'elles …
		18. mourir *(subjonctif)*: qu'on …

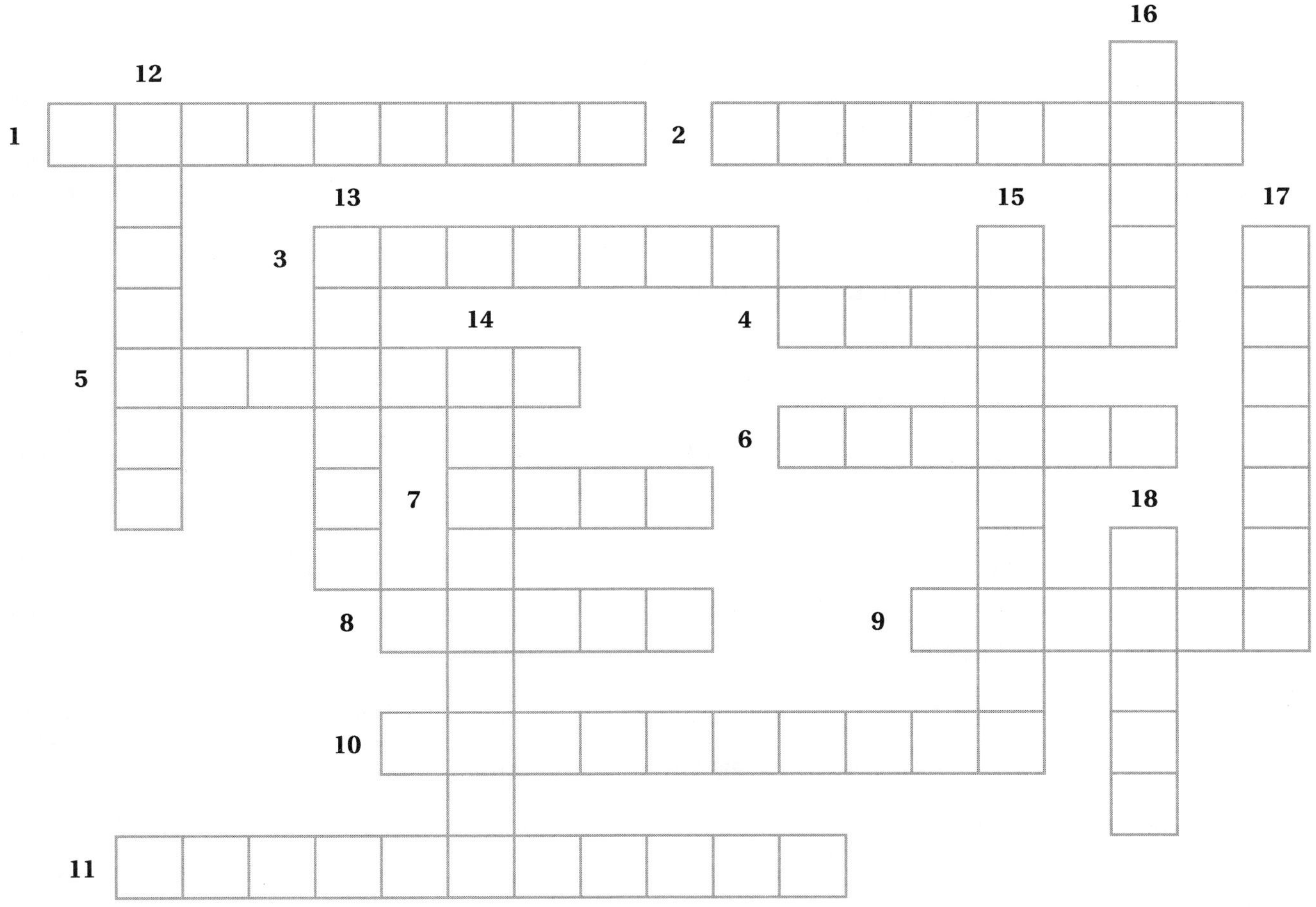

62 Je crois que Lucas a un problème

→ Der Gebrauch des *subjonctif*, GBH 4 § 2 *(siehe auch Übungen 45 + 46)*

Lucas est amoureux de Marine, mais il ne lui plaît pas: il n'est pas «branché». Il écrit à un journal pour ados pour demander conseil. Mais comme il ne pense qu'à Marine, il fait beaucoup de fautes. Regardez les verbes soulignés et corrigez-les si nécessaire.

»

J'ai un problème! ☹

Je suis amoureux de Marine, une fille de ma classe, mais elle ne m'aime pas. Elle trouve que je sois (_____) ringard. Elle voudrait que j'ai (_____) des vêtements à la mode. Mais moi, je pense que la mode n'ait (_____) pas si importante. Je préférerais même que nous avions (________) tous des uniformes à l'école. Ce serait bien que nous portions (_______) tous le même jean et le même t-shirt. Ça ne me plaît pas qu'on fait (_________) toujours attention aux marques et aux logos. Je trouve bizarre qu'on peuve (_________) passer tout son temps à s'occuper de son look. J'aimerais mieux que les jeunes savent (___________) accepter les autres comme ils sont. Surtout Marine. Il faudrait peut-être que j'alle (________) la voir et que je lui dise (_____) mon avis, mais j'ai peur qu'elle rit (_____) et qu'elle se moque (_____) de moi. Un copain a proposé que je lui écrise (_________), mais je crains que ce n'est (__________) pas une bonne idée. Alors, que faire? Est-ce que vous pensez que je doive (_____) changer, est-ce qu'il est nécessaire que je deviens (___________) comme les autres, juste pour lui plaire? J'espère que vous puissiez (__________) m'aider.

Merci, j'attends votre réponse.

Lucas

63 Mes parents ne veulent pas que je sorte ce soir

→ Der Gebrauch des *subjonctif*, GBH 4 § 2 *(siehe auch Übungen 45 + 46)*

Complétez les phrases à l'aide des mots entre parenthèses et mettez les verbes au subjonctif lorsque c'est nécessaire.

1. Mes parents ne veulent pas (je – sortir ce soir) que je sorte ce soir. Ils exigent (je – faire mes devoirs) ____________________. Moi, je trouve ça bête (ils – ne pas vouloir) ____________________ me laisser tranquille.
2. Il faut (je – vous dire) ____________________ quelque chose: je suis triste (vous – vous moquer) ____________________ toujours de moi. Je crois (vous – ne pas m'aimer) ____________________ beaucoup.
3. Je veux (organiser – une fête) ____________________ samedi prochain. J'aimerais bien (Malika – venir) ____________________. J'espère (elle – avoir le temps) ____________________.
4. Il est temps (vous – partir) ____________________ si vous ne voulez pas rater le train. Il est important (vous – arriver) ____________________ à l'heure pour acheter un billet. Je ne voudrais pas (vous – prendre le train) ____________________ sans billet.
5. J'aimerais bien (on – aller) ____________________ en Espagne au mois d'août, mais je crains (mes parents – ne pas être d'accord) ____________________. Ils sont d'avis (il – y faire trop chaud) ____________________ en été.
6. Je voudrais bien (t'offrir – un cadeau) ____________________, mais il faudrait (je – savoir) ____________________ ce qui te ferait plaisir. Tu préférerais peut-être (nous – aller) ____________________ le choisir ensemble?

64 De quoi est-ce que Marine a besoin?

→ „avoir besoin de (faire) qc", GBH 4 § 3

Complétez les phrases avec les bonnes formes d'«avoir besoin de (faire) qc». N'oubliez pas le pronom «en» si nécessaire.

Marine prépare ses affaires pour partir en vacances. Sa mère va la voir dans sa chambre.

- Ça va comme tu veux? Tu n'____________________ mon aide?
- Non, maman, je n'____________________. Ça va très bien, merci.
- Tu es sûre que tu as tout ce qu'il te faut? Tu vas ____________________ vêtements chauds.
- Ecoute, maman, arrête de me donner des conseils, je n'__________ vraiment ____________________.
  Je vais en Bretagne, pas à la montagne!
- Mais qu'est-ce que tu as? Tu n'____________________ te mettre en colère. Je veux seulement t'aider.
- Bon, alors laisse-moi tranquille, j'____________________ réfléchir pour ne rien oublier.
- A ta place, je prendrais un parapluie[1], tu vas sûrement ____________________.
- Mais non! L'an dernier, j'en ai pris un et je n'____________________ une seule fois.
- Et là, ton pantalon rouge? Tu n'____________________?
- Non, je n'____________________ mon pantalon rouge. Et en plus, il est trop petit,
  je crois que j'____________________ perdre 2 ou 3 kilos. Et maintenant, laisse-moi, s'il te plaît.
- Bon, bon, très bien, je sors si tu n'______ plus ____________________ moi …
- Euh … attends, j'______ aussi ____________________ un peu d'argent.
- Quoi? Tu ______ encore ____________________ argent? Mais je t'en ai déjà donné pour ton voyage!
- Oui, je sais, mais j'____________________ un nouveau jean, et …
- Ah, non! Tu n'____________________, tu en as déjà trois.
- S'il te plaît, maman, j'en ai vu un chez C&M qui est super.
- Non, non, et non! Si tu ____________________ argent, demande à ta grand-mère …

65 Tout compris?

Traduisez.

1. Ich hätte gerne, dass ihr aufpasst, wenn ich rede.
   ____.
2. Du kannst mein Auto nehmen, aber du musst vor fünf Uhr zurückkommen.
   ____.
3. Du brauchst (es) nicht zu wiederholen, ich bin sicher, dass alle verstanden haben.
   ____.
4. Es ist warm heute. Ich glaube, dass ich meinen Pullover nicht brauchen werde.
   ____.
5. Vergiss deinen Regenschirm nicht, es ist möglich, dass du ihn brauchst.
   ____.

1 **un parapluie** ein Regenschirm

66 Vous devriez faire attention

→ Die Bildung des *conditionnel présent*, GBH 4 §4 *(vgl. Übung 35)*

Complétez les colonnes.

infinitif	futur	conditionnel
Ex: regarder	nous regarderons	ils regarderaient
1. attendre	elle ______	vous ______
2. dormir	vous ______	je ______
3. ______	je ______	elles sauraient ______
4. aller	tu ______	nous ______
5. ______	il paiera	tu ______
6. courir	ils ______	vous ______
7. acheter	vous ______	ils ______
8. ______	je ______	nous viendrions ______
9. envoyer	j'______	elles ______
10. pouvoir	elles ______	ils ______
11. faire	tu ______	nous ______
12. ______	on commencera	je ______
13. finir	vous ______	tu ______
14. dire	je ______	on ______
15. ______	il ______	vous voudriez ______

67 Et vous, qu'est-ce que vous feriez?

→ Der Gebrauch des *conditionnel présent*, GBH 4 § 5 *(vgl. Übung 36)*

Mettez les verbes entre parenthèses au conditionnel.

1. – Je ne sais pas si je dois prendre le train ou l'avion.
   Qu'est-ce que tu ______ *(faire)*, toi, à ma place?
   – Moi? Je ______ *(prendre)* l'avion, c'est beaucoup plus rapide.
   – C'est vrai, mais je crois que je ______ *(préférer)* quand même prendre le train; en avion, j'______ *(avoir)* trop peur.

2. – Tu ______ *(devoir)* téléphoner à ta grand-mère, elle ______ *(être)* sûrement très contente d'avoir des nouvelles. Tu ______ *(pouvoir)* lui parler de ton stage d'archéologie, par exemple. Je suis sûre que ça l'______ *(intéresser)* beaucoup.

3. – Nous ________________ *(vouloir)* bien aller faire du ski l'hiver prochain, mais les hôtels sont très chers.
   – Vous ________________ *(devoir)* regarder sur Internet, vous ________________ *(trouver)* certainement un hôtel pour un prix correct. Vous ________________ *(pouvoir)* aussi appeler l'office du tourisme, il vous ________________ *(donner)* des adresses intéressantes.

4. – Qu'est-ce que vous ________________ *(faire)* avec 10 millions?
   – Moi? J'________________ *(acheter)* une grande maison près de la mer. Tous mes amis ________________ *(venir)* me voir et nous ________________ *(pouvoir)* faire de la musique toute la nuit. J'____________ *(avoir)* un très grand jardin, et les voisins ne nous ________________ *(entendre)* pas.

68 Qu'est-ce qu'on fait, ce soir?

→ Der Bedingungssatz (I), GBH 4 § 6 *(vgl. Übungen 37 + 38)*

Complétez le dialogue avec «si» ou «s'» et les verbes dans la marge (Rand).

– Qu'est-ce qu'on fait, ce soir?	
– J'ai une idée: et _____ on __________ au concert de rap à la Villette?	aller
– Ok. Mais _____ on y __________, il ____________ d'abord téléphoner à Julien,	aller falloir
il __________ déçu, _____ on __________ sans lui.	être sortir
– Julien? Je ne sais pas _____ il __________ sortir ce soir. Il a une compétition[1]	vouloir
de judo demain et _____ il ______________ tard, il __________ fatigué.	se coucher être
– Oh là là, Julien et son judo … moi, _____ j'__________ à sa place, je __________ un peu	être faire
moins de sport. Il n'a jamais le temps de s'amuser avec ses copains.	
– Il faut le comprendre, _____ on __________ être bon en sport, il __________ s'entraîner	vouloir falloir
sérieusement.	
– Bon, moi, je lui téléphone, à Julien. _____ il n'________________ de venir, il nous	avoir envie
le __________ lui-même.	dire
– Allô, Julien? On va au concert à la Villette, ce soir. _____ tu __________,	vouloir
on ______________ te chercher avant.	passer
– Euh … non, merci. _____ je __________ à un concert ce soir, je __________ fatigué,	aller être
demain. Tu comprends, il ne suffit pas de dire «ce __________ super _____	être
je ____________», il faut aussi faire quelque chose pour y arriver. En plus,	gagner
je ne sais pas _____ il y __________ encore des billets pour ce concert. _____ on	avoir
__________ au cinéma plutôt? Pour moi, c'est mieux: _____ on y _____ à 19 heures,	aller aller
je ____________ me coucher à 22 heures.	pouvoir
– Bon, attends, je demande aux autres _____ ils __________ d'accord.	être

1 **une compétition** ein Wettkampf

69 Quand on veut, on peut!

→ „si" oder „quand", GBH 4 § 7

«Si» ou «quand» ? Rayez (durchstreichen) la mauvaise solution et écrivez les terminaisons (Endungen) des verbes.

1. **Si / quand** tu gagn___ 10 mille euros, est-ce que tu m'en donn______ la moitié?
2. Demain, **s' / quand** il ne pleu___ pas, nous pass______ toute la journée sur la plage.
3. Tu n'écoutes jamais **si / quand** je parl___.
4. Je trouv______ le prof d'allemand plus sympa **s' / quand** il nous donn_____ moins de devoirs.
5. **Si / Quand** j'a______ mon bac, je part______ étudier l'anglais à Londres.
6. Nous n'arriv______ jamais à l'heure **si / quand** tu ne condui___ pas plus vite.
7. Je n'ai pas pu le voir avant son départ. Je lui téléphon_____ **s' / quand** il revien_____.
8. Je n'aimerais pas être cuisinier: **si / quand** je travaill_____ dans un restaurant, je dev_____ me lever à 5 heures.

70 Pour les uns et les autres

→ Indefinite Begleiter und Pronomen, GBH 4 § 8

Cochez la bonne solution.

1. J'adore les BD de Titeuf, j'en ai
   - ☐ quelques.
   - ☐ plusieurs.
   - ☐ toutes.

2. J'espérais voir mes copines hier soir, mais
   - ☐ je n'en ai rencontré aucune.
   - ☐ je n'en ai pas rencontré aucune.
   - ☐ je n'en ai aucune rencontré.

3. Je vais à la piscine
   - ☐ chacune semaine.
   - ☐ chaque semaine.
   - ☐ chaques semaines.

4. Je pense que ... de mes profs sont assez sympas.
   - ☐ tous
   - ☐ chacun
   - ☐ certains

5. Je ne trouve plus mes lunettes de soleil, mais ce n'est pas grave, j'en ai
   - ☐ d'autres.
   - ☐ des autres.
   - ☐ les autres.

6. Je ne sais pas si tous mes copains viendront à ma fête, mais
   - ☐ j'ai tous invité.
   - ☐ j'ai les tous invités.
   - ☐ je les ai tous invités.

7. Je connais ... de tes amies.
   - ☐ quelques-unes
   - ☐ chaque
   - ☐ chacunes

71 Vous vous apercevrez que c'est facile

→ Das Verb „s'apercevoir", GBH 4 § 9

Ecrivez les bonnes formes des verbes et trouvez le mot-clé.

1. s'apercevoir *(présent)*: je m' …
2. s'apercevoir *(passé composé)*: elle s'est …
3. boire *(imparfait)*: ils …
4. s'apercevoir *(conditionnel)*: vous vous …
5. s'apercevoir *(imparfait)*: on s' …
6. voir *(conditionnel)*: je …
7. savoir *(futur)*: elles …
8. s'apercevoir *(présent)*: ils s' …
9. s'apercevoir *(futur)*: ils s' …
10. voir *(imparfait)*: nous …
11. croire *(futur)*: vous …
12. avoir *(imparfait)*: nous …
13. s'apercevoir *(futur)*: elle s' …
14. s'apercevoir *(imparfait)*: vous vous …
15. boire *(conditionnel)*: je …

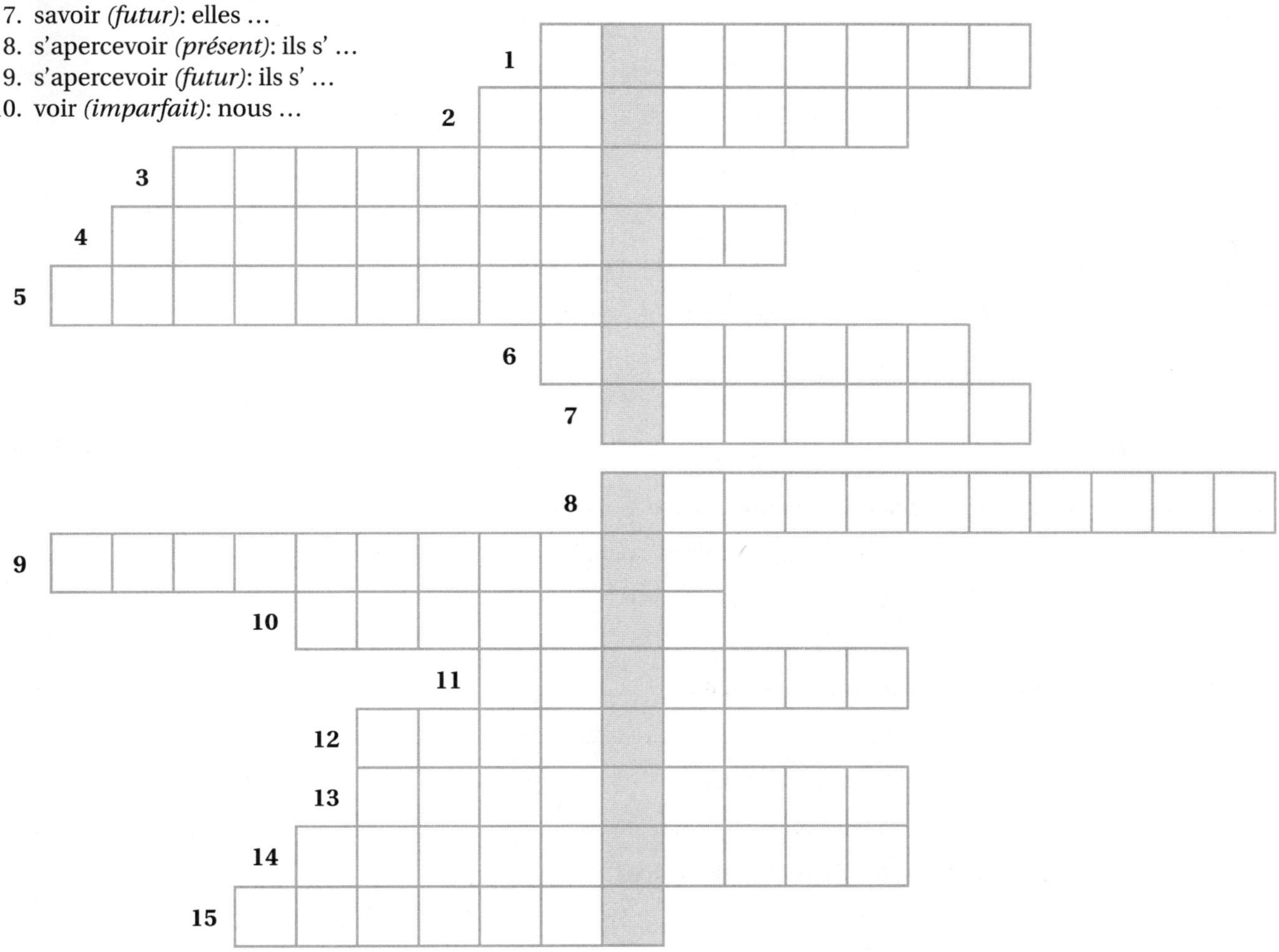

Mot-clé: ______________________________

72 Tout compris?

Reliez les parties de phrases qui vont ensemble. Faites attention au contexte!

1. Quand j'aurai 18 ans,
2. Il ne s'est pas
3. Demain, s'il fait chaud,
4. Aucun
5. Toutes
6. Si j'avais de l'argent
7. Chacun
8. Si tu as fini de travailler,
9. Elle ne s'est encore
10. Certaines

a) tu peux te reposer.
b) aperçue de rien.
c) j'achèterais une voiture.
d) ses sœurs sont très belles.
e) on ira à la piscine.
f) je quitterai ma famille.
g) aperçu qu'il avait perdu son portable.
h) de ses copines sont très sympas.
i) de mes fils joue de la musique.
j) de mes amis n'est là.

73 En Pologne, on parle polonais

→ Ländernamen, Nationalitätsbezeichnungen, Sprachen, GBH 4 § 10 + § 11 *(vgl. Übungen 51 + 52)*

Complétez la grille.

	pays	je vais …	je viens …	on y parle
Ex: D	l'Allemagne *f*	en Allemagne	d'Allemagne	allemand
I				
GR				
F				
HR				
P				
E				
DZ				
DK				
NL				

74 Allons-y!

→ Die Pronomen „en" und „y", GBH 4 § 12 *(vgl. Übungen 41 + 42)*

Répondez aux questions et utilisez pour chaque phrase le pronom «en» ou «y».

Exemple: – Tu vas souvent en Allemagne? (oui – trois fois par an) → – Oui, j'y vais trois fois par an.

1. – Est-ce que tu as pensé à téléphoner à Malika? (non)
   → – ______________________________.
2. – Vous avez acheté des oranges? (oui – deux kilos)
   → – ______________________________.
3. – Tu es déjà allé aux Etats-Unis? (non – jamais)
   → – ______________________________.
4. – Tu vas faire un gâteau pour la fête? (oui – même deux)
   → – ______________________________.
5. – Tu as répondu à la lettre de ton corres? (non – demain)
   → – ______________________________.
6. – Est-ce que tu vas à l'école en vélo? (non – à pied)
   → – ______________________________.
7. – On va au cinéma? (non – pas envie – aller)
   → – ______________________________.
8. – Est-ce que Amélie a envoyé des cartes postales depuis son départ? (oui – déjà trois)
   → – ______________________________.
9. – Est-ce que tu as peur des chiens? (non, maintenant – plus)
   → – ______________________________.
10. – Tu ne prends pas tes lunettes de soleil? (non – pas besoin)
   → – ______________________________.

75 Caroline n'a pas le temps

→ Infinitive nach Verben, GBH 4 § 13

Complétez le dialogue avec «à» ou «de/d'» quand c'est nécessaire.

Stéphanie: Allô, Caro? J'ai envie _____ aller acheter des fringues. Tu ne veux pas _____ venir avec moi?

Caroline: Ah non, pas possible. J'aimerais bien _____ t'accompagner, mais je n'ai vraiment pas le temps _____ aller en ville, aujourd'hui.

Stéphanie: Pourquoi? Qu'est-ce que tu es en train _____ faire?

Caroline: Ben voilà, tu sais que Christian a décidé _____ faire une fête, demain. Eh bien, je lui ai promis _____ l'aider _____ tout organiser, et maintenant, je dois _____ faire deux gâteaux. Tu comprends, au début, j'ai proposé _____ faire un gâteau, mais comme il invite tous ses copains, il m'a demandé _____ en faire deux. Et moi, les gâteaux, j'aime bien _____ les manger, mais je ne sais pas très bien _____ les faire.

Stéphanie: Ok, mais si tu es capable _____ faire un gâteau, tu peux aussi _____ en faire deux sans problème.

Caroline: Pas si facile! Tu vois, j'avais décidé _____ faire un gâteau au chocolat et une tarte aux pommes. Alors, j'ai commencé _____ préparer le gâteau au chocolat, et pendant ce temps, j'ai réfléchi _____ ce qu'il me fallait pour ma tarte …

Stéphanie: Et alors?

Caroline: Alors, je me suis aperçue que j'avais oublié _____ acheter des pommes. Bon, j'ai arrêté _____ préparer le premier gâteau et je suis allée _____ chercher des pommes. Quand je suis revenue, j'ai continué _____ travailler dans la cuisine et j'espérais _____ finir pas trop tard, mais là, ma grand-mère a téléphoné. J'ai essayé _____ lui dire que je n'avais pas beaucoup de temps, mais je n'ai pas réussi _____ lui faire comprendre … pendant une demi-heure! Bref, maintenant, je dois encore _____ terminer mon deuxième gâteau …

Stéphanie: Dommage! Mais pourquoi est-ce que tu as accepté _____ apporter deux gâteaux? Tu devrais _____ apprendre _____ dire «non», de temps en temps.

76 Tout compris?

Formez des phrases avec les éléments ci-dessous.

Exemple: Je – rêver – aller – Chine → Je rêve d'y aller.

1. Je – jamais – aller *(passé composé)* – Maroc, mais j' – avoir envie *(présent)* – passer mes prochaines vacances

   ____.

2. Tu – ne pas avoir besoin *(présent)* – acheter – pommes, – on – avoir *(présent)* – encore un kilo

   ____.

3. J' – promettre *(plus-que-parfait)* – ma mère – faire les courses, mais – j' – oublier *(passé composé)* – aller

   ____.

4. Il – faire *(passé composé)* – voyage – Etats-Unis et il – revenir *(passé composé)* – très content

   ____.

5. Je – lui dire *(plus-que-parfait)* – acheter – oranges – Tunisie, mais elle – ne pas penser *(passé composé)* – prendre

   ____.

77 Samuel a des problèmes
→ Der Bedingungssatz (II), GBH 4 § 14, § 6

Transformez les phrases. Employez la phrase conditionnelle.

Exemple: La mère de Samuel n'a pas le temps de l'écouter parce qu'elle travaille.
→ Si la mère de Samuel ne travaillait pas, elle aurait le temps de l'écouter.

1. Son père ne vit plus avec eux, c'est pourquoi il ne peut pas lui parler de ses problèmes.
   → Si son père ______________________________.
2. Vanessa accepterait sûrement de l'aider, mais elle ne sait pas qu'il est victime d'un racket.
   → Si Vanessa ______________________________.
3. Mais Samuel ne la mêle pas à ses histoires. C'est trop dangereux pour elle.
   → Mais si Samuel ______________________________.
4. La mère de Samuel ne sait pas qu'il lui vole des «drogues». Sinon, elle serait très en colère.
   → La mère de Samuel ______________________________.
5. Samuel veut arrêter ce trafic, mais il a peur de Max et de sa bande.
   → Si Samuel n'______________________________.
6. Il a envie de leur dire: «Arrêtez de me racketter ou je raconte tout à la police».
   → Il a envie de leur dire: «Si vous n'______________________________».
7. Mais il n'est pas très fort. Et en plus, il est tout seul. Alors il a peur d'eux.
   → S'il ______________ ou s'il n'______________, ______________.
8. Il reste dans la classe. Il ne peut pas sortir, sinon Max va lui casser la figure.
   → Il reste dans la classe. S'il ______________________________.

78 Essayez de ne pas faire de fautes
→ Infinitive nach Verben, Adjektiven und Nomen, GBH 4 § 15, § 13

Reliez les parties de phrases qui vont ensemble. Faites attention au contexte!

1. Exemple: Je commence →	a) à vivre ensemble
2. Il a été le premier	b) de faire ses devoirs
3. Nous avons décidé	c) acheter un appartement à Paris
4. Ma sœur adore	d) d'aller vivre à la campagne
5. Je n'ai pas encore eu le temps	e) de te moquer de moi
6. Il va falloir	f) partir en Amérique avec leurs enfants
7. Arrête	g) de ne plus faire de bêtises
8. Il m'a promis	h) d'apprendre mes leçons
9. Elle prétend	i) à lui apprendre la nouvelle
10. Mon frère est en train	j) de nous décrire le voleur
11. Ils ne sont pas encore prêts	k) à en avoir marre de tes bêtises
12. Je souhaite	l) ne pas reconnaître cet homme
13. Vous devriez être capable	m) lui téléphoner ce soir
14. Ils voudraient	n) se lever tard le dimanche

79 Un peu, beaucoup …

→ Mengen und Zahlen benennen, GBH 4 §16.1. (Mengenangaben + „de“ + Nomen)

Utilisez les éléments entre parenthèses pour compléter les phrases.

Ex: Nous allons boire du champagne *(une bouteille)* → Nous allons boire une bouteille de champagne.

1. Il y a des touristes sur cette plage *(trop)*

   → ____.

2. Il me faut du sucre *(250 grammes)*

   → ____.

3. Est-ce que je pourrais avoir de l'eau? *(un verre)*

   → ____?

4. Tu as encore des euros? *(combien?)*

   → ____?

5. Nous avons des amis à Marseille *(beaucoup)*

   → ____.

6. Je n'ai pas vu ces films *(aucun)*

   → ____.

7. J'ai acheté des oranges *(deux kilos)*

   → ____.

8. Si tu veux réussir tes crêpes, tu dois mettre du lait *(plus)* et de la farine *(moins)*

   → ____.

9. Vous voulez encore du café? *(un peu)*

   → ____?

10. Si tu m'aides, je te donnerai mes bonbons *(la moitié)*

    → ____.

80 Une étape du Tour de France

→ Mengen und Zahlen benennen, GBH 4 § 16.2. (Ordnungszahlen)

Utilisez le tableau des résultats pour compléter le texte avec des nombres ordinaux.

Résultats de l'étape Val d'Isère-Briançon, mardi 17 juillet 2007, 159,5 km						
Rang	**Nom**	**Nat.**		**Rang**	**Nom**	**Nat.**
1er	SOLER HERNANDEZ Juan Mauricio	COL		…		
2e	VALVERDE BELMONTE Alejandro	ESP		27e	GOUBERT Stéphane	FRA
3e	EVANS Cadel	AUS		…		
4e	CONTADOR VELASCO Alberto	ESP		43e	CHAVANEL Sylvain	FRA
5e	MAYO DIEZ Iban	ESP		…		
…				58e	VOECKLER Thomas	FRA
9e	KLÖDEN Andreas	ALL		…		
10e	SASTRE CANDIL Carlos	ESP		88e	VASSEUR Cédric	FRA
11e	MOREAU Christophe	FRA		…		
…				90e	JALABERT Nicolas	FRA
19e	HALGAND Patrice	FRA		…		
20e	VINOKOUROV Alexandre	KAZ		169e	CHAVANEL Sébastien	FRA
21e	ZUBELDIA AGIRRE Haimar	ESP				

C'est Soler Hernandez qui a pris la __________________ place de l'étape Val d'Isère-Briançon. Derrière lui, beau succès pour les Espagnols: Valverde arrive ______________________, Contador ______________________ et Mayo ____________________.

Le ________________ Français, Christophe Moreau, est ____________________ derrière un autre Espagnol, Sastre qui, lui, finit ____________________ de l'étape après le meilleur Allemand, Andreas Klöden, ____________________.

Halgand est __________________________ devant Vinokourov, ______________________, et c'est encore un Espagnol, Zubeldia, qui arrive ________________________________.

Et les autres Français? Ils sont loin derrière! Goubert est ________________________________, Sylvain Chavanel ________________________________ et Vœckler ________________________________.

Vasseur, ___________________________________, et Nicolas Jalabert, ___________________________________, ont plus de 22 minutes de retard sur le ___________________, Soler.

En fin de classement[1], on trouve Sébastien Chavanel à la ____________________________________ place ... pas __________________, mais presque: il restait 171 coureurs[2].

81 Un petit exercice de maths

→ Mengen und Zahlen benennen, GBH 4 § 16.3. (Bruchzahlen und verwandte Ausdrücke), § 16.4. (Prozentzahlen)

Ecrivez les opérations (Rechnungen) et le résultat en toutes lettres.

Exemple: 1/3 + 1/4 = 7/12 → un tiers + un quart = sept douzièmes

1. 2/3 + 7/10 − 2/5 = ?
   → ____.
2. 3/4 + 1/3 − 7/12 = ? = ? %
   → ____.
3. 13/20 · 6/8 + 25/80 = ? = ? %
   → ____.
4. (2/8 + 12/16) · 9/12 = ? = ? %
   → ____.
5. 3/5 · 5/9 · 3/2 + 5/18 = ?
   → ____.

82 Tout compris?

Traduisez les phrases dans votre cahier.

1. Wenn er versuchen würde, mit seiner Mutter zu sprechen, würde sie (sich) sicher die Zeit nehmen, ihm zuzuhören.
2. Sie hat mich gebeten, zwei Flaschen Cola mitzubringen, doch meiner Meinung nach ist das nicht genug. Ich werde eine dritte kaufen.
3. Du brauchst keine Äpfel zu holen, wir haben noch zwei Kilo.
4. Ich würde mich um den Sohn der Nachbarn kümmern, wenn er fähig wäre, fünf Minuten ruhig zu bleiben.
5. Wenn ihr euern Urlaub während der ersten oder zweiten Juliwoche nehmen würdet, könnte ich vielleicht mit euch wegfahren.
6. Wenn du nicht die Hälfte der Zeit vor deinem Computer verbringen würdest, hättest du sicher bessere Noten in der Schule.

---

1 **un classement** eine Ergebnisliste 2 **un coureur** ein Fahrer

83 Ni rien, ni personne

→ Die Verneinung: „personne ne …", „rien ne …", „aucun(e) … ne …", GBH 4 § 17

Mettez les éléments dans le bon ordre.

1. ne | bien | je | rien | t' | vois | intéresse | que
   → ______________________________.
2. toutes | aucune | mais | j' | écrit | ne | m' | ai | répondu | amies, | à | mes | a
   → ______________________________.
3. veut | en | personne | ne | parler | elle | à
   → ______________________________.
4. aux | jamais | je | Antilles | allé | suis | ne
   → ______________________________.
5. à | personne | me | gare | venu | la | n' | chercher | est
   → ______________________________.
6. ne | penser | plus | y | de | essayez
   → ______________________________.
7. dire | ne | préférons | lui | rien | nous
   → ______________________________.
8. je | mais | n' | aimé | tous | aucun | livres, | J' | en | lu | ai | ces | ai
   → ______________________________.
9. Je | plus | il | non | et | m' | ai | lui | dit | bonjour | pas | ne | parlé | ne | pas | a
   → ______________________________.
10. belle | Martinique | que | n' | aussi | île | est | aucune | la
   → ______________________________.

84 Et si on s'en allait?

→ Das Verb „s'en aller", GBH 4 § 18

Remplacez le verbe «partir» par le verbe «s'en aller».

Exemple: Et si on partait? → Et si on s'en allait?

1. Partez tout de suite!
   → ______________________________.
2. Elles sont parties sans dire au revoir.
   → ______________________________.
3. Je ne partirai pas avant d'avoir mon argent.
   → ______________________________.
4. Je préfèrerais que tu partes maintenant.
   → ______________________________.
5. Ne pars pas, reste avec moi.
   → ______________________________.
6. Je propose que nous partions à 8 heures.
   → ______________________________.

7. Ils ne sont pas encore partis.
→ ____.

8. Même si nous avions de l'argent, nous ne partirions pas d'ici.
→ ____.

9. Quand mes grands-parents étaient jeunes, ils ne partaient jamais en vacances.
→ ____.

10. Comme je ne l'ai pas vue à la fête, j'ai pensé qu'elle était déjà partie.
→ ____.

85 Ça suffit!

→ Die Verben „fuir" und „suffire", GBH 4 § 19, § 21

Trouvez les bonnes formes des verbes dans la grille. On peut lire de gauche à droite, de droite à gauche, de haut en bas ou de bas en haut. Les 10 lettres qui restent vous donnent le nom d'une île.

S	I	U	F	S	U	F	F	I	T
U	T	N	E	I	V	G	S	U	A
F	U	I	R	A	I	E	N	T	S
F	S	D	T	C	E	E	O	T	U
I	I	T	N	O	N	E	R	N	F
R	D	N	E	U	D	S	I	E	F
O	L	E	I	R	R	I	U	I	I
N	T	I	A	R	I	F	F	U	S
T	S	A	R	I	E	F	E	F	A
F	U	Y	I	E	Z	U	I	O	I
U	L	U	D	Z	U	S	U	P	T
I	E	F	A	R	I	F	F	U	S

suffire: ils *(futur)* ____________ ça *(présent)* ____________
il *(imparfait)* ____________ ça *(futur)* ____________
que ça *(subjonctif)* ____________ il *(conditionnel)* ____________

fuir: ils *(conditionnel)* ____________ vous *(imparfait)* ____________
je *(présent)* ____________ nous *(futur)* ____________
elle a ____________ elles *(présent)* ____________
ils *(imparfait)* ____________ que je *(subjonctif)* ____________

lire: ces livres, je les ai ____________

courir: vous *(conditionnel)* ____________

venir: elle *(présent)* ____________ vous *(conditionnel)* ____________

dire: ils *(conditionnel)* ____________ tu *(présent)* ____________

Mot-clé: la ☐☐☐☐☐☐☐☐☐☐

86 Ne m'interrompez pas!

→ Die Verben „interrompre" und „naître", GBH 4 § 20, § 22

Trouvez les formes correctes des verbes et écrivez-les dans la grille ci-dessous.

1. Si tu ne m' *(interrompre)* ______________________ pas, j'arriverais peut-être à te raconter mon histoire.
2. Au 19e siècle, les enfants ne *(naître)* ______________________ pas à l'hôpital, mais à la maison.
3. Et toi, Vanessa, où est-ce que tu es *(naître)* ________?
4. Notre enfant *(naître)* ______________ dans trois mois.
5. Quand nous avons appris que grand-père était très malade, nous avons *(interrompre)* ______________________ notre voyage.
6. Si mon fils *(naître)* ____________ le 25 décembre, je l'appellerai Noël.
7. Là, sur cette photo, c'est Rose, une fille très sympa que j'ai *(connaître)* ______________ en Guadeloupe.
8. Tu peux continuer, nous ne t' *(interrompre fut.)* ______________________ plus, promis!
9. Arrête! Je ne veux pas que tu m' *(interrompre)* ____________________ quand je parle.
10. Il a beaucoup changé depuis l'année dernière. Si vous le voyiez, vous ne le *(reconnaître)* ____________________ pas.

87 Tout compris?

a) Dites le contraire.

Exemple: Pendant le cours, j'ai tout compris. → Pendant le cours, je n'ai rien compris.

1. Ici, tout le monde s'amuse.

   → ______________________________.

2. Quand Samuel était à l'hôpital, toutes les filles de sa classe sont venues le voir.

   → ______________________________.

3. Dans ce magasin, tout me plaît.

   → ______________________________.

4. En Bourgogne, nous avons visité chaque château.

   → ______________________________.

5. Ma petite sœur a peur de tout.

   → ______________________________.

6. Elle est gentille avec tout le monde.

   → ______________________________.

b) Complétez les phrases avec les verbes dans la marge.

1. Ils souhaitent que leur enfant ______________ chez eux.
2. Comme elles ne s'amusaient pas à la fête, elles ______________ à 9 heures.
3. J'espère que vous ne m' ______________ plus.
4. Quoi? Les 50 euros que je t'ai donnés ne te ______________ pas?
5. Si je trouvais du travail à la campagne, je ______________ tout de suite la grande ville.

naître · s'en aller · interrompre · suffire · fuir

88 J'aurais dû faire attention

→ Das *conditionnel passé:* Bildung und Gebrauch, GBH 4 § 23

Complétez la grille.

Infinitif	Futur simple	Conditionnel présent	Conditionnel passé
1. devoir	tu ______	tu ______	j'______
2. rester	nous ______	vous ______	ils ______
3. se lever	je ______	tu ______	elles ______
4. croire	vous ______	nous ______	on ______
5. vivre	il ______	je ______	nous ______
6. venir	tu ______	nous ______	elle ______
7. prendre	je ______	vous ______	j'______
8. lire	elle ______	nous ______	vous ______
9. mettre	ils ______	elles ______	tu ______
10. appeler	vous ______	ils ______	nous ______
11. s'apercevoir	tu ______	il ______	elles ______
12. s'en aller	je ______	nous ______	ils ______
13. payer	vous ______	je ______	vous ______
14. courir	elle ______	il ______	j'______
15. envoyer	elles ______	nous ______	tu ______
16. plaire	je ______	ils ______	il ______
17. être	vous ______	nous ______	ils ______

89 Emilie n'est pas contente

→ Der Bedingungssatz (III), GBH 4 § 23; § 24; § 6; § 7; § 14

Utilisez les bonnes formes des verbes entre parenthèses pour compléter le dialogue entre Emilie et sa mère.

– Maman, tu *(pouvoir)* ______ aller me chercher à la gare cet après-midi! Comme ça, je *(ne pas revenir)* ______ à pied sous la pluie.

– Emilie, si tu m' *(appeler)* ______, j'y serais allée. Pourquoi est-ce que tu n'as pas téléphoné?

– J' *(bien vouloir)* ______ t'appeler. Je l'aurais fait si j' *(pouvoir)* ______. Mais j'ai perdu mon portable.

– Quoi? Encore? Si tu *(faire)* ______ un peu plus attention à tes affaires, tu ne les perdrais pas si souvent. Si ça *(continuer)* ______ comme ça, un jour, tu perdras ta tête! Moi, quand j'avais ton âge, j'étais plus sérieuse: si j' *(avoir)* ______ la chance d'avoir un portable, je ne l'aurais sûrement pas perdu !

– Oh, arrête, tu dis n'importe quoi. A mon âge, tu *(ne pas pouvoir)* ________________ avoir un portable, parce que ça n'existait pas.
Eh, mais qu'est-ce que j'entends? C'est mon portable qui sonne. Il est là, dans ma poche. Ça, alors!

– Tu vois, si tu *(mieux chercher)* ________________________________, tu l'aurais trouvé tout de suite et tu *(pouvoir)* ______________________ me téléphoner …

– … et nous *(ne pas se disputer)* ____. Ok, excuse-moi, maman.

90 Mon frère? Lequel?

→ Das Fragepronomen „lequel", GBH 4 § 26 *(vgl. Übung 59)*

Remplissez la colonne du milieu.
Employez la bonne forme de «lequel» avec une préposition quand il en faut une.

Exemple: Hier, j'ai rencontré un de tes frères.	Lequel? J'en ai trois.	Patrick.
1. Je suis sûre que j'ai déjà vu cette fille.	____________? La petite ou la grande?	La plus petite des deux.
2. Il n'a des bonnes notes que dans deux matières.	Ah bon? ________________?	En histoire et en géographie.
3. Samedi, nous allons à une fête chez nos amis.	______________________? Pas chez les Dufour, j'espère.	Non, ce sont les Chapuis qui nous ont invités.
4. Je ne trouve plus ce CD, j'ai dû le donner à un copain.	____________? Tu dois bien le savoir.	Non, justement, je ne sais plus.
5. Je t'ai déjà parlé de mon copain?	____________? Du surfeur?	C'est ça, oui.
6. J'ai rêvé que je jouais dans un film avec une star.	______________________? Cameron Diaz? Cathie Holmes?	Non, Penelope Cruz. Malheureusement, ce n'était qu'un rêve.
7. Elles sont jolies, ces cartes. Je vais en envoyer une à mes grands-parents.	______________? Aux parents de ta mère?	Oui, les autres, je les vois très souvent.
8. Pendant notre voyage, nous sommes passés par une région magnifique.	Ah oui? ________________________?	Par la Bourgogne.

91 Qu'est-ce que Farid t'a raconté?

→ Die Zeitenfolge in der indirekten Rede, GBH 4 § 25; GBH 2 § 36, § 37

Après l'accident de Farid, Maxime va le voir à l'hôpital. Plus tard, il téléphone à Lisa. Elle veut savoir comment va Farid. Servez-vous du dialogue entre Maxime et Farid pour compléter le coup de téléphone entre Lisa et Maxime. Attention à la concordance des temps!

Le matin, à l'hôpital

Farid: Ah, c'est toi, Maxime? Salut.

Maxime: Salut, Farid. Comment tu te sens?

Farid: Bof ... Mon bras est cassé et j'ai mal partout.

Maxime: Tu vas rester encore longtemps à l'hôpital?

Farid: Je ne sais pas. Je n'ai pas encore vu le docteur. Il passera me voir dans l'après-midi. Tu sais ce qui m'énerve le plus? C'est que j'ai mal surfé. Si j'avais fait plus attention, ça ne serait pas arrivé. Mais je pensais que la Dordogne, c'était pour les papis. La prochaine fois, je saurai. Tu as vu Jérémie et Lisa, depuis l'accident?

Maxime: Oui, nous en avons longuement parlé ensemble. Vraiment, personne n'a compris que tu étais tombé.

Farid: Oui, c'est une chance que vous m'ayez trouvé; je commençais à être fatigué, et j'avais peur qu'on ne me retrouve pas avant la nuit. Quand tu verras les autres, il faudra que tu leur dises merci pour moi.

Maxime: D'accord, je n'oublierai pas. Allez, salut, à bientôt. Je reviendrai te voir.

Le soir, au téléphone

Lisa: Allô, Maxime? Tu as vu Farid? Qu'est-ce qu'il t'a raconté?

Maxime: Je lui ai demandé comment il ____________ et il m'a dit que son bras ____________ et qu'il ____________ partout. Ensuite, j'ai voulu savoir s'il ____________ encore longtemps à l'hôpital, mais il m'a expliqué qu'il n'____________ le docteur et qu'il ____________ le voir dans l'après-midi. Il a aussi dit que ce qui l'____________ le plus, c'était qu'il avait mal surfé. Il a ajouté que s'il ____________ plus attention, ça ne ____________ pas arrivé. Mais il a aussi avoué qu'il ____________ que la Dordogne, c'était pour les papis. Il a dit que la prochaine fois, il ____________. Ensuite, il a voulu savoir si je vous ____________, Jérémie et toi, depuis l'accident.

Lisa: Tu lui as raconté que nous en ____________ ____________ ensemble?

Maxime: Bien sûr. Je lui ai expliqué que personne n'____________ ____________ qu'il ____________. Enfin, il a dit que c'était une chance que nous l'____________; il a ajouté qu'il ____________ à être fatigué et qu'il ____________ peur qu'on ne le ____________ pas avant la nuit. Ah, il a aussi dit que quand je vous ____________, il ____________ que je vous ____________ merci pour lui. Je lui ai promis que je n'____________ pas et que je ____________ le voir bientôt.

Direkte Rede	→	Indirekte Rede
Présent	→	Imparfait
Passé composé	→	Plus-que-parfait
Futur simple	→	Conditionnel présent

92 Tout compris?

a *Transformez les phrases.*

Exemple: Comme je n'avais pas de portable, je n'ai pas pu te téléphoner.
→ Si j'avais eu un portable, j'aurais pu te téléphoner.

1. Hier, il ne faisait pas beau, alors nous ne sommes pas allés nous promener.
   → ______________________________.
2. Elle n'a pas fait attention. C'est pourquoi elle est tombée.
   → ______________________________.
3. Ils ont perdu le match parce qu'ils ne s'étaient pas entraînés.
   → ______________________________.
4. Comme il n'a pas écouté le prof, il n'a pas su faire ses devoirs.
   → ______________________________.

b *Mettez les phrases au passé.*

Exemple: Il lui dit qu'elle est gentille. → Il lui a dit qu'elle était gentille.

1. Julia m'écrit qu'elle viendra à Noël.
   → ______________________________.
2. Je te demande si tu veux encore du café.
   → ______________________________.
3. Je pense qu'il aimerait bien venir avec nous.
   → ______________________________.
4. Il ne sait pas que le surf peut être dangereux.
   → ______________________________.

c *Reliez les parties qui vont ensemble.*

1. J'ai invité deux de mes amies.	a) A laquelle?
2. Je suis allé à un concert génial.	b) Duquel?
3. J'ai vu trois films cette semaine.	c) Lesquelles?
4. J'ai parlé à une de tes sœurs.	d) Lesquels?
5. C'est le fils d'un de nos profs.	e) Auquel?
6. J'ai reçu une lettre de mes amis.	f) Desquels?

93 Un séjour de rêve

→ Die Veränderlichkeit des *participe passé* beim *passé composé* mit „avoir", GBH 4 § 27 *(siehe Übungen 47, 48)*

Léa vient de passer deux semaines chez les Leclerc, des amis de ses parents qui habitent en Bretagne. Elle leur écrit pour les remercier. Faites l'accord du participe passé, là où c'est nécessaire.

Chère Isabelle, cher Philippe,

Depuis que je suis revenu ___, les journées ont passé ___ très vite et je ne vous ai pas encore remercié ___ pour les deux semaines de rêve que j'ai passé ___ chez vous. Quand vous m'avez invité ___, je n'étais pas sûre d'aimer votre région qu'on m'avait décrit ___ comme un pays où il pleut tout le temps. Mais je suis devenu ___ une fan de la Bretagne depuis que je l'ai découvert ___ avec vous! Je vous envoie quelques-unes des photos que j'ai pris ___ pendant mon séjour. J'en ai fait ___ beaucoup et je les ai collé ___ dans un album. Quand je les regarde, je pense aux excursions que nous avons fait ___ ensemble, dans cette nature qui m'a énormément plu ___, et aussi aux amis que j'ai connu ___ grâce à vous. Je les ai tous trouvé ___ très sympas, surtout Cécile et Olivier. Ils m'ont téléphoné ___ samedi dernier et ils m'ont aussi raconté ___ une histoire qui m'a beaucoup amusé ___: ils sont allé ___ se promener à Carnac et un petit chien les a suivi ___ tout l'après-midi. Eh bien, ils l'ont gardé ___ et ils l'ont appelé ___ Léo … parce qu'ils ont trouvé ___ qu'il était un peu comme moi.

Merci encore et grosses bises

Léa

94 Ce matin-là …

→ Das *passé simple*, GBH 4 § 28 *(siehe Übungen 53, 54)*

Mettez les verbes qui sont au passé simple au passé composé. Ecrivez les phrases dans votre cahier.

Ce matin-là, Mme Martin se réveilla à 6 heures. Elle se leva, prit une douche rapide et but son café.
Elle ne prit même pas le temps de manger du pain. Elle avait enfin trouvé du travail et avait peur d'arriver en retard le premier jour. Elle courut jusqu'à l'arrêt du bus. Là, elle dût attendre 5 minutes. Il faisait froid et elle se dit: «Ah, si j'étais riche …»
Enfin, elle pût monter dans le bus. Un homme s'assit à côté d'elle et ouvrit son journal. Pendant qu'il lisait la page de gauche, elle lut la page de droite. Tout à coup, elle vit les numéros du loto … Non, pas possible!!!
Ensuite, les gens qui étaient dans le bus crurent qu'elle était folle quand elle commença à danser et à embrasser tous ses voisins. Certains rigolèrent, d'autres eurent un peu peur d'elle …
Mme Martin descendit à l'arrêt suivant et rentra chez elle en taxi. Ce matin-là, ses nouveaux chefs l'attendirent longtemps, mais ils ne la virent pas. Le lendemain, quand ils lui téléphonèrent, ils comprirent qu'elle ne viendrait plus jamais.

95 Tout compris?

a *Mettez les phrases au passé composé.*

1. Sabrina nettoie les assiettes et Damien les range.

→ ____.

2. Pendant les vacances, je passe beaucoup de temps avec mes amis; je les vois tous les jours.

→ ____.

3. Où est-ce que tu mets les boissons? Tu les mets dans le frigidaire?

→ ____.

4. Voici des photos de Lisbonne, une ville que nous adorons.

→ ____.

b *Complétez la grille.*

Passé simple	Passé composé	Infinitif
elles furent		
ils firent		
ils vinrent		
ils prirent		
elle sut		
elles écrivirent		
il eut		
elles crurent		
on mit		

96 Quelques conseils en passant …

→ Das *gérondif:* Bildung und Gebrauch, GBH 4 § 29

Rester en forme (fit), ce n'est pas si difficile …
Refaites les phrases en utilisant le gérondif.

1. Vous y arriverez facilement si vous suivez nos conseils.

   ____.

2. Vous perdrez rapidement quelques kilos de la façon suivante: mangez plus de légumes.

   ____.

3. Vous éviterez aussi le sucre si vous buvez de l'eau plutôt que du coca.

   ____.

4. Ne mangez pas pendant que vous regardez la télé.

   ____.

5. Et quand vous faites les courses, n'achetez pas de chocolat.

   ____.

6. Faites régulièrement du sport et vous resterez en forme.

   ____.

7. Si vous allez à l'école en vélo, par exemple, vous resterez en forme sans problèmes.

   ____.

8. Bien sûr, vous pouvez faire la fête. Quand on danse, on perd des kilos!

   ____.

97 En cherchant bien, vous trouverez

→ Das *gérondif:* Bildung und Gebrauch, GBH 4 § 29

Refaites les phrases suivantes en employant une autre construction que le gérondif.
Indiquez pour chaque phrase la fonction du gérondif: ***T*** *(temps),* ***M*** *(manière) ou* ***C*** *(condition).*

Exemple: En cherchant bien, vous trouverez. → Si vous cherchez bien, vous trouverez (**C**)

1. N'oublie pas d'éteindre la lumière en quittant la pièce.

   ____.

2. Elle a raconté son aventure en pleurant.

   ____.

3. En passant par Dijon, tu arriverais plus vite.

   ____.

4. Il s'est excusé en lui offrant des fleurs.

   ____.

5. En travaillant plus sérieusement, tu aurais eu des bonnes notes.

   ____.

6. Je n'utilise jamais mon portable en conduisant.

   ____.

98 Ceux-ci? Non, ceux-là!

→ Die Demonstrativpronomen, GBH 4 § 30 *(siehe Übungen 49, 50 b)*

Complétez les phrases avec un adjectif démonstratif (ce, cet, cette, ces) ou un pronom démonstratif (celui, celle, ceux, celles).

1. – Il est à toi, ____________ ordinateur?
   – Non, c'est __________________ mon frère.
2. – Tu veux prendre tous ____________ CD pour aller chez Léa?
   – Non, je prends seulement __________________ j'ai posés sur la table.
3. – Regarde __________ deux photos. Tu préfères ________________ ou ________________?
   – __________________ je préfère, c'est __________________.
4. – Tu connais ____________ fille, là-bas?
   – Bien sûr, c'est __________________ je t'ai parlé hier.
5. – J'adore ____________ acteur. Pas toi?
   – Si, c'est __________________ m'amuse le plus.
6. – Tu as déjà mangé dans ____________ pizzeria?
   – Oui, souvent, c'est ________________ on mange les meilleures pizzas de la région.
7. – Bon, décide-toi: tu achètes quelles lunettes de soleil? ________________ ou ________________?
   – Je crois que je vais prendre ________________, ce sont ________________ me plaisent le mieux.
8. – Ils ont l'air bon, ____________ bonbons. Je peux en prendre un?
   – Si tu veux, mais ils ne sont pas à moi, ce sont ________________ ma mère.

99 Tout compris?

a *Cochez la bonne solution.*

1. Regarde cette voiture, c'est
   - ☐ cette dont
   - ☐ celle dont
   - ☐ celle que

   je rêve.
2. Le film que je préfère, c'est
   - ☐ celui.
   - ☐ ce-là.
   - ☐ celui-là.
3. Les amis les plus sympas de Stéphanie, ce sont
   - ☐ ceux qu'elle
   - ☐ ceux quelle
   - ☐ ce qu'elle

   a connus en Espagne.
4. Tu peux m'apporter mes lunettes? Ce sont
   - ☐ celles que
   - ☐ celles qui
   - ☐ celles où

   sont sur la table.
5. Surtout, ne perds pas ces CD, ce sont
   - ☐ ces de
   - ☐ ceux dont
   - ☐ ceux de

   mon frère.

b *Trouvez les bonnes formes du gérondif, puis écrivez-les dans la grille. En mettant les lettres des cases grises dans le bon ordre, vous trouverez le nom d'une région française. N'oubliez pas les accents!*

Horizontal

1. *faire:* en ____________________
2. *savoir:* en ____________________
3. *reconnaître:* en ____________________
4. *être:* en ____________________
5. *commencer:* en ____________________
6. *lire:* en ____________________
7. *croire:* en ____________________

Vertical

8. *écrire:* en ____________________
9. *conduire:* en ____________________
10. *prendre:* en ____________________
11. *boire:* en ____________________
12. *finir:* en ____________________
13. *manger:* en ____________________
14. *avoir:* en ____________________
15. *voir:* en ____________________

Solution: ____________________

1 Qui est la plus grande?

1. *moins chaud qu'*à Toulouse. 2. *plus cher que* la chemise. – *le moins cher des* trois vêtements. 3. *plus petite qu'*Elodie – *plus grande que* Carine – *la plus petite des* trois amies. 4. *meilleur que* Laurent – *moins bon* en anglais. 5. *aussi sportive que* Charlotte – *meilleure que* son amie – la *meilleure de* toute sa classe – *aussi bonne* en sport *qu'*en musique.

2 Le saviez-vous?

il croit	tu croyais	nous croyions
nous changeons	elle changeait	vous changiez
nous commençons	je commençais	nous commencions
tu achètes	nous achetions	ils achetaient
elle sait	tu savais	vous saviez
je crie	vous criiez	elles criaient
tu écris	j'écrivais	nous écrivions
il veut	je voulais	vous vouliez
vous avouez	tu avouais	nous avouions
il drague	nous draguions	elles draguaient
je me baigne	vous vous baigniez	ils se baignaient

3 Qu'est-ce que vous avez fait?

1. Tu n'es pas allée – Je suis restée – J'ai dormi – j'ai lu 2. nous avons vu – il a plu – elle est arrivée – elle n'a rien compris 3. J'ai écrit – il n'a pas répondu – il a reçu – il n'a pas pris – il n'a pas voulu 4. J'ai appris – nous avons vécu – Nous sommes revenus 5. J'ai attendu – elle n'est pas venue – elle n'a pas pu – elle n'a rien dit

4 Allô, Radio Ados

– J'ai rencontré une fille super sur la plage. Mais aujourd'hui, elle m'a dit qu'elle ne voulait plus me voir.
– Pourquoi? Qu'est-ce qui s'est passé?
– Ben… Voilà: hier, je lui ai demandé si elle avait envie de venir à mon anniversaire.
– Et elle n'est pas venue?
– Si, mais moi, j'ai dansé toute la soirée avec une autre fille, et je n'ai presque pas parlé avec Charlotte.
– Mais pourquoi? Elle ne te plaisait plus?
– Si, bien sûr! Mais je connaissais l'autre fille depuis longtemps, c'était une bonne copine, alors j'ai un peu oublié Charlotte, et je n'ai pas vu tout de suite qu'elle était jalouse. Maintenant, j'ai compris. Mais c'est trop tard, elle est partie.

5 Les vacances, c'était super!

je me levais – je prenais – j'allais – il faisait – nous nous baignions – j'avais – je ne les voyais pas – ils apprenaient – on se retrouvait – on mangeait – on buvait – on allait – Les garçons jouaient – nous nous allongions – nous discutions – nous envoyions – nous sortions – ils connaissaient – ils savaient – on pouvait – c'était

6 Passé composé ou imparfait?

1. Elle n'est pas allée – il faisait 2. Nous avons construit – qui nous plaisait 3. j'étais – je n'ai pas pu 4. tu finissais – nous avons bu 5. j'ai ouvert – mes chiens sont sortis 6. Elle est partie – elle connaissait – qui étaient 7. les deux amies ont pris – elles sont parties – elles ont écrit 8. Laurent, qui était – m'a appris

7 Tout compris?

1. Il m'a dit qu'il était de Fécamp. 2. Elodie est restée au lit jusqu'à 11 heures. 3. je lui ai proposé de l'accompagner à la gare. 4. elle ne comprenait pas tout. 5. Charlotte est la fille la plus sympa de la plage. 6. Je trouve le coca meilleur que le jus d'orange. 7. David n'est pas aussi baraqué que Laurent. 8. Laurent est moins bon en maths qu'en volley.

8 De l'imparfait au plus-que-parfait

elle buvait	bu(e)	nous avions bu
j'écrivais	écrit(e)	tu avais écrit
vous alliez	allé(e)	nous étions allé(e)s
nous comprenions	compris(e)	j'avais compris
ils étaient	été	on avait été
tu mettais	mis(e	elle avait mis
elles avaient	eu(e)	ils avaient eu
je restais	resté(e)	elles étaient restées
tu connaissais	connu(e)	vous aviez connu
il devait	dû/due	on avait dû
vous couriez	couru(e)	tu avais couru
ils descendaient	descendu(e)	nous étions descendu(e)s

9 Pas du tout!

1. Elle n'était pas encore partie. 2. Je n'avais rien compris. 3. Elle ne m'avait plus appelé depuis notre dispute. 4. Ils n'avaient dit que des bêtises. 5. Sur cette photo, je n'avais reconnu personne. 6. Ma grand-mère n'avait jamais conduit. 7. Ce livre ne m'avait pas du tout plu./pas plu du tout. 8. Manon ne m'avait pas parlé non plus.

10 Quelle soirée!

je voulais – J'avais – j'ai téléphoné – il avait déjà vu – j'ai appelé – il ne pouvait pas – il n'avait pas encore fait – je suis sortie – nous avions décidé – je suis arrivée – elle n'était pas là – j'ai attendu – il pleuvait – je n'avais pas pris – elle est arrivée – Elle avait raté – elle avait dû – nous sommes enfin entrées – le film avait déjà commencé – nous avons décidé – je n'avais rien mangé – j'avais – on m'avait dit – les pizzas étaient – nous sommes arrivées – il n'y avait – Mario était parti – je suis rentrée – j'ai commencé – j'étais restée.

11 Qu'est-ce que c'est?

1. C'est quelque chose qu'on fait / et que les enfants adorent. (bonbons)
2. C'est un animal qui fait «cocorico» en français. (coq)
3. C'est un oiseau qui vit la nuit. (chouette)
4. C'est une boisson qu'on fait avec du vin et du cassis. (kir)
5. C'est quelque chose qu'on peut fumer, mais qui est très mauvais par la santé. (cigarette)
6. C'est la ville où est né l'homme qui a construit la tour Eiffel. (Dijon)
7. Ce sont des animaux que les Français aiment / et qui

sont sur les menus en Bourgogne. (escargots)
8. C'est un homme qui avait un prénom bizarre et qui a inventé la photographie. (Niepce)
9. C'est l'école où les Français vont après le collège. (lycée)

Mot-clé: la Bourgogne

12 Dites-moi ce que je dois faire!

ce qu'il faut faire – ce qu'ils ont choisi – ce que je trouve nul – ce qui me plaît – Ce que j'aime – ce qu'on peut faire – ce qui n'arrive pas – ce que je pense – ce que je dis – ce qui m'intéresse – ce qu'ils veulent – Ce qui m'énerve – ce que je rêve de faire– ce qui doit être super – ce que je peux dire – ce que je sais – ce que je dois faire

13 Des choses dont on parle

1. Je te présente ma copine Marie dont je t'ai souvent parlé. 2. A Beaune, on peut visiter l'Hôtel-Dieu dont les toits en couleurs sont très beaux. 3. C'est un acteur génial dont j'ai vu tous les films. 4. Mon meilleur ami, c'est Roberto dont le père est italien. 5. Sur le mur, il y avait une chouette dont j'ai pris une photo. 6. Ma mère a trois frères dont le plus jeune est cuisinier à Dijon. 7. David est un garçon très baraqué dont toutes les filles sont amoureuses.

14 Publicité

1. dont tout le monde parle – pendant lequel vous n'allez pas arrêter– à laquelle vous devez inviter
2. auquel il faut penser – dont vous êtes amoureux – sans lequel les femmes
3. dont vous rêvez – sur lesquelles vous pouvez – dans laquelle on peut – dans lequel on se sent bien – dans lesquels on sert – auxquelles vous pensez

15 Tout compris?

a) 1. Je croyais que tu étais déjà parti en vacances. 2. Thomas, qui n'avait pas dormi, était très fatigué. 3. Je n'avais jamais mangé d'escargots avant ce voyage./ Avant ce voyage, je ... 4. Ils sont arrivés en retard parce qu'ils avaient raté le bus.

b) 1. où on mange 2. sur lesquelles on voit 3. auquel elle n'a pas répondu 4. à qui je téléphone 5. dont tout le monde se moque 6. que je connais 7. ce qui me plaît

16 Ce n'est vraiment pas difficile!

1. joli – jolie – joliment 2. malheureux – malheureuse – malheureusement 3. meilleur – meilleure – mieux 4. sportif – sportive – sportivement 5. cher – chère – chèrement 6. gentil – gentille – gentiment 7. chaud – chaude – chaudement 8. mauvais – mauvaise – mal 9. fou – folle – follement 10. vrai – vraie – vraiment 11. bon – bonne – bien 12. jaloux – jalouse – jalousement 13. correct – correcte – correctement 14. tranquille – tranquille – tranquillement

17 Encore des adverbes, toujours des adverbes

1. hier – demain 2. après – maintenant – ensemble 3. beaucoup – assez 4. enfin – trop – tard 5. déjà – longtemps 6. bien – mal – souvent – mieux 7. ici/là – là/ici – moins – vite

Mot-clé: musicien

18 C'est Nathan qui a le plus de problèmes

(1) aussi bien que (2) aussi correctement que (3) le plus souvent (4) moins longtemps que (5) aussi tard qu' (6) beaucoup plus tard (7) moins bien que (8) le moins (9) plus vite que (10) plus facilement (11) le mieux (12) aussi souvent que (13) mieux qu' (14) le plus (15) beaucoup mieux que (16) aussi vite

19 Vite, vite!

1. c'est *vrai* / il est *vraiment* malade. 2. Je suis *meilleur(e)* que mon frère / il parle *mieux* anglais que moi. 3. Le cirque Zapata, *prochainement* dans votre ville. / Le 15, c'est la semaine *prochaine*, non? 4. J'ai acheté une voiture *rapide* parce que j'aime conduire *vite / rapidement*. 5. «La Mamma» est une très *bonne* pizzeria. On y mange très *bien*. / Moi, j'y suis allé *dernièrement*, le mois *dernier* / j'ai très *mal* mangé. Ma pizza était vraiment *mauvaise*. 6. Ouf! La soirée a été *longue*. / il m'a *longuement* parlé de ses problèmes. 7. c'est *exact*? / je ne sais plus *exactement*. 8. *Normalement*, Nathan est un mec super cool / Il n'est pas *normal*. / Je le trouve *bizarre* / C'est vrai, il te regarde *bizarrement*. A mon avis, il est *follement* amoureux de toi. / Mais non, tu es *fou/folle*.

20 Chaque chose à sa place

1. *Malheureusement*, les enfants qui vivent dans un cirque ont *souvent* des problèmes à l'école.
2. Ce matin, je me suis levé *tard* mais *demain*, ...
3. Quoi? Tu as *déjà* fait tes devoirs? Moi, je n'ai pas *encore* commencé.
4. on peut aller au centre-ville *ensemble*. / – Non, moi, je veux partir *maintenant*.
5. Cette année, nous n'avons pas *assez* d'argent pour partir en vacances; alors nous allons rester *ici*.
6. J'ai *longuement* réfléchi, et j'ai *enfin* trouvé ...
7. Ce n'est pas *toujours* facile / il parle *mal* français.
8. Je n'ai pas *bien* appris ma grammaire, je vais *sûrement* avoir une mauvaise note.

21 Es-tu heureux en France, Babaka?

1. D'où/de quel pays viens-tu? 2. Quand es-tu arrivé en France? 3. As-tu encore de la famille au Sénégal? 4. Va-t-il venir en France ou veut-il rester là-bas? 5. pourquoi a-t-elle voulu quitter son pays? 6. Aime-t-elle Lyon? 7. comment trouves-tu la vie en France? 8. As-tu rapidement trouvé des copains? 9. Que faites-vous le week-end, tes copains et toi? 10. Y a-t-il des choses qui t'énervent, ici? 11. Peux-tu me donner un exemple? 12. Qu'a-t-il fait?

22 Qu'est-ce qui s'est passé?

1. s'est endormie 2. se sont moqués 3. s'est moqué 4. se sentait, s'est éloignée... 5. se sont excusés. 6. t'es endormie, t'es levée 7. nous sommes disputées 8. ne m'étais pas occupée 9. te promener 10. se sont promenés, se sont bien amusés 11. ne s'est pas entraîné, s'est disputé

23 Un sondage

1. a) Les trois cinquièmes b) le/un dixième c) un/du cinquième d) Les sept dixièmes.

2. a) Les deux tiers b) Les cinq sixièmes c) Les deux cinquièmes d) Les neuf dixièmes
3. a) La moitié b) Le/Un quart c) Les trois quarts d) Les sept huitièmes e) dix dixièmes

24 Tout compris?

1. Babaka et ses frères ne se sont pas encore habitués à la vie en France.
2. Que fait ta mère? A-t-elle déjà trouvé du travail?
3. Les deux amies se sont promenées longuement. Demain, elles vont sûrement être fatiguées.
4. Nouria comprend facilement l'arabe, mais elle le parle mal. C'est normal car ce n'est pas une langue facile.
5. Bodo n'est pas très gentil. Je lui ai gentiment donné les trois quarts de mon gâteau et pourtant il me regarde bizarrement.

25 Qui sont-ils? Tu verras, c'est facile!

1. vous jouerez 2. elles écriront 3. tu courras 4. je désirerai 5. il dormira 6. nous viendrons 7. tu achèteras 8. je découvrirai 9. elle appellera 10. vous voudrez 11. tu attendras 12. nous irons 13. ils seront 14. vous boirez 15. il faudra 16. j'aurai 17. nous vivrons 18. elles feront 19. je saurai 20. il pleuvra 21. nous commencerons 22. vous paierez 23. elles pourront 24. tu enverras
Solutions: 1. Jérémie 2. Elodie 3. Bruno 4. Samira

26 Les horoscopes

E: Tu veux savoir ce qui t'arrivera la semaine prochaine?
E: «Vous passerez une semaine difficile. Il vous faudra beaucoup de courage. Vous vous sentirez fatiguée et vous devrez peut-être aller voir un médecin».
E: tu ne sais pas comment tu iras demain. Bon, ce ne sera sûrement pas grave. / tu seras souvent énervée / tu te disputeras avec ta famille / tu auras aussi des problèmes d'argent. / vous perdrez tout.
E: «Les étoiles seront avec vous pendant toute la semaine. Vous pourrez faire ce que vous voudrez: vous réussirez tout ce que vous ferez».
E: Je rencontrerai des gens sympas ou je reverrai des amis / je recevrai un cadeau qui me plaira beaucoup.
S: je ne lirai plus jamais mon horoscope. / je ne le saurai pas avant.

27 C'est Elodie qui répond au journaliste

E: Non, c'est à l'école de musique que j'ai connu Bruno/ que je l'ai connu.
E: Mais non, c'est / ce sont des cours de guitare qu'il prenait.
E: Bien sûr que non, c'est Jérémie qui est le batteur de «Nice & Forts».
E: C'est moi qui suis la chanteuse.
E: Non, moi, j'ai 17 ans. C'est Samira qui est la plus jeune de notre groupe.
E: Ah non, c'est l'année prochaine que je vais passer mon bac.
E: Non, non! c'est Jérémie qui joue au rugby.
E: Non, pas sur Canal +, c'est sur France 3 que nous allons passer.
E: C'est le 14 juillet que nous serons à Nice.

28 Ah là là, les vacances!

J: c'est toujours moi qui dois faire les courses.
La m.: c'est à tes sœurs que j'ai demandé d'aller à la boulangerie.
J: c'est mercredi qu'elles ont fait les courses. / ce n'est sûrement pas moi qui vais me lever (qui me lèverai) pour aller chercher du pain. / c'est toi qui as oublié d'en acheter, non?
La m.: c'est toi et tes sœurs qui préparez (allez préparer / préparerez) tous les repas, c'est vous qui rangez (allez ranger/rangerez) la maison, et c'est moi qui fais (qui vais faire/qui ferai) les courses. C'est ça que tu veux?
J: c'est toi qui as le plus de travail, pendant les vacances. Bon, je vais l'acheter, ton pain. Mais demain, c'est (ce sont/ce seront) mes sœurs qui vont se lever (qui se lèveront), d'accord?
La m.: c'est toujours pendant les vacances qu'on se dispute le plus?

29 Vous me suivez?

tu suis vous suivez	nous mourons ils meurent	ils s'assoient nous nous asseyons
je suivais nous suivions	elle mourait ils mouraient	je m'asseyais vous vous asseyiez
tu as suivi elles ont suivi	elle est morte ils sont morts	elles se sont assises il s'est assis
je suivrai il suivra	tu mourras vous mourrez	tu t'assiéras ils s'assiéront

30 Tout compris?

a) 1. C'est Elodie qui chante le mieux. 2. Ce n'est pas moi qui ai pris ton portable. 3. C'est avec Bruno qu'il a parlé. 4. Est-ce que c'est toi qui as pris cette photo? 5. C'est à 10 heures du matin que l'accident est arrivé. 6. C'est au mois d'août qu'ils vont prendre leurs vacances. 7. Le rap, c'est la musique que je préfère. 8. C'est nous qui avons écrit cette chanson.
b) serai – connaîtra – chanterai – applaudiront – écriras – jouerez – verra
c) 1. je meurs 2. Asseyez-vous 3. Suivez cette voiture. 4. Elle s'est assise 5. Elle est peut-être morte? 6. je te suivrai

31 Ne craignez rien!

entendre: vous entendrez – elles entendaient – j' entends
craindre: elles craignent – nous craignions – ils ont craint – vous craindrez
peindre: tu as peint – je peins – nous peindrons – vous peigniez
éteindre: j' éteindrai – vous éteigniez – on a éteint – nous éteignons
attendre: elle attendait – ils attendent – elles attendront
se plaindre: ils se plaignaient – tu te plaindras – je me plains – il s'est plaint
Mot-clé: Bretagne

32 Vous le ferez facilement

1. dangereuse – dangereusement 2. méchant – méchamment 3. bonne – bien 4. évident –

évidemment 5. meilleures – mieux 6. énormes – énormément 7. vrai – vraiment 8. gentille – gentiment 9. différente – différemment

33 Allô, Samira, tu vas bien?

– Comment ça va depuis notre *dernière* rencontre?
– Parle plus *fort*, je t'entends très *mal*. Attends, la musique est trop *forte*. Voilà, maintenant ça va *mieux*. Ecoute, pour moi, tout va très *bien*: avec le groupe, nous travaillons *dur*, mais nous commençons à avoir *énormément* de succès. Le mois *dernier*, nous avons fait trois concerts et *prochainement*, nous allons enregistrer un *nouvel* album.
– Oh, super! Je vais l'acheter, *évidemment*. Enfin ... s'il ne coûte pas trop *cher*.
– Ne crains rien, je te l'enverrai *gratuitement*, tu es ma *meilleure* amie. Et toi, comment tu vas? Tu es toujours aussi *heureuse* avec ton *nouveau* copain?
– Oh, oui! Il est *beau*, il est *gentil*, il sent *bon* ... et il est très *amoureux* de moi. Nous sommes *parfaitement heureux* ensemble. Sauf quand il chante. Là, c'est *vraiment* l'horreur parce qu'il chante *faux*.
– Ah, ça, *évidemment*, c'est pas *drôle*. Mais que veux-tu? Personne n'est *parfait*!

34 Tout compris?

1. peint 2. se plaignent 3. bon 4. évidemment 5. faux 6. craignions 7. énormément

35 Vous ne devriez pas avoir de problèmes

1) elles enverraient 2) nous ferions 3) vous devriez 4) il rirait 5) j'achèterais 6) nous recevrions 7) vous viendriez 8) elles se promèneraient 9) tu saurais 10) on voudrait 11) nous aurions 12) tu irais 13) vous verriez 14) il courrait 15) nous serions

36 Pourrais-tu m'aider?

1. J'aimerais (Wunsch) 2. Serait-il (höfliche Bitte) 3. on pourrait (Möglichkeit) 4. tu ne devrais pas (Ratschlag) 5. on serait (Vermutung) 6. Pourriez-vous (höfliche Bitte) 7. je pourrais (Möglichkeit) 8. je prendrais (Ratschlag) 9. je voudrais (Wunsch) 10. je me sentirais (Vermutung)

37 C'est bientôt les vacances! (I)

s'il fait beau – nous pourrons – je retrouverai – si David est là – s'il pleut – si ma petite sœur ne fait pas – j'appellerai – s'il y a – ils m'enverront – si tu travailles

38 C'est bientôt les vacances! (II)

si on allait – s'il faisait – nous pourrions – si mes parents étaient – je m'amuserais – s'il pleuvait – Je dormirais – si je n'avais pas – nous irions – ils m'enverraient – si tu travaillais

39 Adeline téléphone à sa copine

– Allô, Chloé? Samedi prochain, je fais une fête chez moi. Tu peux venir?/Est-ce que tu peux venir?
– J'aimerais bien (venir), oui. Si quelqu'un peut venir/aller me chercher à la gare, je viendrai./je viens.
– Ok, si tu arrives avant 6 heures, mon père pourra venir/aller te chercher.
– Pas de problème. Si je prends le train de 5 heures 12, je serai sûrement là avant 6 heures. Je téléphonerai quand j'arriverai à la gare./Je téléphone quand j'arrive à la gare. Dis-moi, Jonathan sera là/est-ce que Jonathan sera là?
– Ce n'est pas sûr. Il viendra/vient s'il n'a pas trop de travail.
– Oh, j'espère qu'il pourra venir. On rigole toujours beaucoup quand il est là. Dis-lui que je serais très contente/heureuse si je pouvais le voir.
– D'accord! Si je lui dis que tu seras/es là samedi, il viendra sûrement, même s'il est très fatigué. Quand il parle de toi, il a toujours un sourire bizarre ...

40 Quand j'aurai mon bac ...

1. h, 2. e, 3. d, 4. b, 5 g, 6. c, 7. f, 8. a

41 On y va, si tu as envie

A: Non, j'**en** viens. / Tu n'as pas envie d'**y** aller avec moi?
J: Oh, si, j'**en** ai bien envie, mais je n'ai pas de ticket.
A: Pas grave, j'**en** ai, moi, des tickets. Je peux t'**en** donner un si tu veux.
J: Et, euh ... tu pourrais aussi m'**en** donner deux? / Cécile pourrait **y** aller avec nous.
A: n'**en** parlons plus. Je veux bien **y** aller avec toi / mais si tu **y** invites une autre fille ...
J: je n'**y** ai pas pensé.
A: J'**y** ai passé 3 semaines, et j'**y** ai rencontré Jérémie / il m'**y** invite toujours. / il m'**en** a envoyé dix. Tu **en** veux un?
J: si tu pouvais m'**en** donner deux

42 Un peu d'ordre

1. elle ne veut pas nous en parler. 2. tu y rencontreras sûrement sa sœur. 3. je n'y ai pas fait attention. 4. Je viens d'en acheter. 5. Non, je n'y suis pas encore allée. 6. D'accord, je vais en prendre deux kilos. 7. Oui, j'en reviens et je m'y suis bien amusé.

43 Tout compris?

1. Si tu déménages, nous ne nous verrons plus./Si tu déménageais, nous ne nous verrions plus. 2. Si les gens faisaient attention, il y aurait moins de feux. 3. Il n'y a plus de pain, j'ai oublié d'en acheter. 4. Quand tu la verras, tu la reconnaîtras tout de suite./Si tu la vois, tu la reconnaîtras tout de suite. 5. *[correct]* 6. Je connais ce restaurant, j'y suis allée samedi dernier. 7. Si tu ne fais pas attention, tu ne comprendras rien.

44 Il faut que vous appreniez vos verbes!

tu montes – on montait – que vous montiez
je pars – ils partaient – que je parte
elle appelle – il appelait – qu'elle appelle
vous devez – nous devions – que je doive
tu décris – elles décrivaient – que tu décrives
nous sommes – vous étiez – qu'ils soient
je veux – nous voulions – que tu veuilles
ils ont – elles avaient – que nous ayons
vous faites – je faisais – qu'elles fassent
tu vas – nous allions – qu'on aille
savons – on savait – que vous sachiez

j'achète – tu achetais – que nous achetions
elles peuvent – vous pouviez – que je puisse
ils réussissent – tu réussissais – que nous réussissions
j'attends – nous attendions – que tu attendes
ils revoient – je revoyais – que vous revoyiez

45 Quelle chance qu'il fasse beau!

1. Ça ne me plaît pas que vous vous moquiez toujours de moi. 2. J'ai bien peur d'avoir une mauvaise note. 3. J'ai très envie qu'on aille au cinéma. 4. C'est bête que Laure ne puisse pas venir à ma fête. 5. Je veux que tu finisses tes devoirs maintenant. 6. Je déteste avoir mal à la tête. 7. J'aimerais bien que vous veniez avec moi. 8. Je suis heureuse que son travail lui plaise. 9. Il/C'est nécessaire que nous parlions avec elle. 10. Je trouve bizarre que mon chien ne veuille rien manger. 11. Nous préférons partir en vacances en septembre.

46 J'aimerais bien qu'on soit en vacances ...

F: qu'on aille – qu'ils viennent (S)
E: que nous passions – que nous allions – que c'est – qu'on fasse
E: que c'est – qu'il pleuvra
L: que tu as – que mes parents arrêtent (S) – que mon père prenne – que nous partions – qu'on ne parte pas
A: qu'ils vont trouver
L: qu'ils aient
A: que ça change (S)
E: que tes notes ne sont pas
A: que tu dises – que je suis – que je serai

47 Vos devoirs, vous les avez faits?

1. écrite. 2. donné. 3. vue 4. offert 5. posées 6. parlé 7. mangées. 8. envoyée.

48 Chère Mamie ...

Chère Mamie,
J'ai bien *reçu* le paquet et la lettre que tu m'as *envoyés*. Quelle bonne surprise quand je l'ai *ouvert*! J'y ai *découvert* mes bonbons *préférés*! Mais les amies que j'avais *invitées* les ont tous *mangés*. Heureusement, elles m'ont *laissé* les 50 euros que tu avais *cachés* sous les bonbons. Avec cet argent, j'ai *acheté* une robe que j'avais *vue* dans un magasin et qui m'avait *plu* tout de suite. (Je ne l'avais pas *achetée* avant parce que je l'avais *trouvée* un peu trop chère).
Je t'envoie aussi des photos que j'ai *prises* pendant la semaine que j'ai *passée* à Hambourg avec ma classe. Je sais que c'est une ville où tu as *vécu* pendant deux ans et que tu as beaucoup *aimée*. Mais depuis, je pense qu'elle a bien *changé*.

49 Celui-ci ou celui-là?

E: J'adore ce magasin. Tu le connais?
L: Celui qui est à côté de la crêperie? Oui. C'est celui où j'ai acheté ce pantalon.
E: Celui-ci/-là? Il est super! Viens, on entre.
L: Oh, regarde ces robes. Elles sont chouettes, non?
E: Oui, surtout celle-ci/-là; je l'aime beaucoup.
L: Moi, celle que je préfère, c'est celle-là/-ci. Malheureusement, c'est celle qui est la plus chère.
E: comme celle-ci/-là dans un autre magasin. Cet été, ces robes sont à la mode. Eh, regarde : ici, ils vendent ces lunettes de soleil géniales. Tu sais, ce sont celles dont ...
L: Bof..., celles-ci/-là sont jolies, mais celles-là/-ci ...
E: Ah, ben zut alors, ce sont justement celles que ...
L: Non, non! Si tu arrives au collège avec des lunettes de cette couleur ...
E: Oh, ceux-là, ils m'énervent!

50 Tout compris?

a) 1. Je suis content que vous aimiez les affiches que j'ai dessinées. 2. J'espère qu'il a fait des photos des villes qu'il a visitées. 3. Il faut que vous me donniez l'adresse de la librairie dont vous m'avez parlé. 4. Elle est venue chercher les CD qu'elle avait oubliés chez moi. 5. Je trouve bizarre qu'elle n'ait pas envie d'aller à la fête. 6. Je crois qu'ils n'ont pas reçu la lettre que je leur avais envoyée.
b) 1. Quel film est-ce qu'on va voir? Celui-ci ou celui-là? 2. J'adore cette rue, c'est celle où il y a le plus de magasins. 3. Tu vois ces deux filles, là-bas? Ce sont celles dont je t'ai parlé l'autre jour. 4. Ne prends pas ces CD, ce sont ceux de ta sœur. 5. Je déteste ce prof, c'est celui qui nous donne le plus de devoirs.

51 Françaises, Français ...

1. Alger – *l'Algérie f – un(e) Algérien(ne)* 2. Londres – *Le Royaume-Uni/la Grande-Bretagne) – un(e) Britannique* 3. *Hanoï* – le Viêt-nam – *un(e) Vietnamien(ne)* 4. Rome – *l'Italie f – un(e) Italien(ne)* 5. *Rabat – le Maroc* – un(e) Marocain(e) 6. Yaoundé – *le Cameroun – un(e) Camerounais(e)* 7. *Ottawa* – le Canada – *un(e) Canadien(ne)* 8. Bruxelles – *la Belgique – un(e) Belge* 9. Pékin – *la Chine – un(e) Chinois(e)* 10. *Ankara – la Turquie* – un Turc, une Turque 11. Varsovie – *la Pologne – un(e) Polonais(e)* 12. Berne – *la Suisse – un(e) Suisse/une Suissesse* 13. *Dakar – le Sénégal* – un(e) Sénégalais(e) 14. Madrid – *l'Espagne f – un(e) Espagnol(e)* 15. *Tunis – la Tunisie* – un(e) Tunisien(ne) 16. Paris – *la France – un(e) Français(e)* 17. Vienne – *l'Autriche f – un(e) Autrichien(ne)* 18. Amsterdam/ la Haye – *les Pays-Bas mpl – un(e) Hollandais(e)/ Néerlandais(e)* 19. *Washington – les Etats-Unis mpl* – un(e) Américain(e) 20. Moscou – *la Russie – un(e) Russe*

52 Une lettre d'Amérique

– Elle vient des Etats-Unis.
– mon copain américain que j'ai connu en Italie
– je croyais qu'il venait du Canada / il m'a expliqué qu'il avait passé trois ans en Suisse. / sa mère vient d'Amérique du Sud. / il veut faire un voyage en Europe, l'été prochain. Il veut aller aux Pays-Bas, en Allemagne, en Autriche, en France et en Espagne. Il demande s'il pourra venir me voir.
– Si c'est pendant nos vacances, il faudra qu'il aille au Portugal pour nous voir.
– Ah bon? On ne retourne pas au Maroc, comme l'année dernière?
– j'ai envie de visiter le Portugal. / il t'a envoyé une carte postale d'Australie

– Oui, c'est ça. J'aimerais beaucoup aller en Australie, moi aussi. Mais j'aimerais aussi aller en Chine ou au Viêt-nam. La prof de géo nous a montré des photos du Viêt-nam
– il y a aussi une carte postale d'Afrique: «Grosses bises du Cameroun à toute la famille.
– Elle est au Cameroun?

53 C'est très simple!

1. on comprit	on a compris	comprendre
2. elle vint	elle est venue	venir
3. ils voulurent	ils ont voulu	vouloir
4. il fit	il a fait	faire
5. elles partirent	elles sont parties	partir
6. elle commença	elle a commencé	commencer
7. ils mangèrent	ils ont mangé	manger
8. il fut	il a été	être
9. elles allèrent	elles sont allées	aller
10. on découvrit	on a découvert	découvrir
11. ils dirent	ils ont dit	dire
12. elles eurent	elles ont eu	avoir

54 Au voleur!

Après le film, ils *allèrent* manger au restaurant, puis ils *prirent* / Quand ils *arrivèrent* devant la porte, ils *virent* qu'elle n'était pas fermée. Bizarre! L'homme *dit* / il *entra* seul dans l'appartement. Là, il *comprit* / Il *ouvrit* / puis il *sortit* et *expliqua* la situation à sa femme. Elle *prit* son portable et *appela* la police qui *arriva* rapidement. Les policiers *cherchèrent* des traces des voleurs et *posèrent* / Ils leur *demandèrent* / mais personne ne *put* leur dire ce qui s'était passé. On ne *retrouva* jamais …

55 Tout compris?

1. Je n'ai jamais été/Je ne suis jamais allé(e) en Pologne, mais j'ai beaucoup d'amis polonais. 2. J'ai acheté ce vin au Canada, mais il vient des Etats-Unis. 3. Pendant mes vacances aux Pays-Bas, j'ai rencontré une Belge très sympa(thique). 4. Rabat est au Maroc, pas en Algérie. 5. Elle est revenue de Chine il y a deux mois. Maintenant, elle voudrait/aimerait visiter l'Amérique du Sud.

56 Faites bien attention pour ne pas faire de fautes

1 – e, 2 – b, 3 – a, 4 – g, 5 – j, 6 – c, 7 – i, 8 – f, 9 - h

57 Elodie se lève pour faire un gâteau

1. D'abord, elle fait une liste pour ne rien oublier.
2. Avant de partir faire les courses, elle met des vêtements chauds car il fait froid. 3. Elle quitte la maison sans faire de bruit. 4. Dehors, elle marche vite pour ne pas avoir froid. 5. Après avoir marché pendant 20 minutes, elle arrive au supermarché.
6. Avant d'arriver à la caisse, elle cherche son argent.
7. Mais elle ne le trouve pas. Elle est sortie sans prendre son porte-monnaie. 8. Elle ne veut pas retourner à la maison sans avoir acheté ce qu'il lui fallait. 9. Après avoir réfléchi un moment, elle trouve la solution.
10. Avant de rentrer chez elle, elle demande des œufs et de la farine à la voisine.

58 Souvenirs

l'appareil photo sans lequel – et grâce auquel – la plage sur laquelle – le jardin dans lequel – des fruits délicieux avec lesquels – la chambre dans laquelle – deux grandes fenêtres depuis lesquelles – du village près duquel – le petit port dans lequel – des petits restaurants dans lesquels – un guide avec lequel – Et auquel tu penses – une lettre dans laquelle – avec lesquelles – les premières vacances pendant lesquelles

59 Dans quel pays est-il?

Votre fils? Lequel? – Laquelle? Celle–ci? – Mais de quels pays parle–t–il? – Lequel a–t–il le plus aimé? – Dans lequel est–ce qu'il est maintenant? – De quels problèmes veut–il parler?– mais il ne dit pas lesquels. – mais sur laquelle? – dans quelle région? – de quelles aventures? – Auxquelles est–ce qu'il pense? – A laquelle de ses copines – De laquelle est–ce qu'il parle? – Avec laquelle est–ce qu'il sort

60 Tout compris?

1. après avoir fait les courses, elle a pris le bus. 2. sans dire au revoir à ses amis. 3. pour ne pas être fatiguée demain. 4. avant d'avoir vu la fin du film. 5. quels livres tu veux lire. 6. dans laquelle je suis née. 7. chez lesquels? 8. A quelle heure arrives-tu?

61 Il ne faudrait pas que vous fassiez trop de fautes

1. ils appellent 2. elle mangeait 3. qu'ils aillent 4. que tu coures 5. que vous sachiez 6. vous buviez 7. ils vont 8. que nous ayons 9. elles voient 10. je commençais 11. ils finissaient 12. que tu puisses 13. on achète 14. nous envoyions 15. nous craignons 16. que tu dises 17. qu'elles fassent 18. qu'on meure

62 Je crois que Lucas a un problème

Elle trouve que je *suis* ringard. Elle voudrait que j'*aie* des vêtements à la mode. Mais moi, je pense que la mode n'*est* pas si importante. Je préférerais même que nous *ayons* tous des uniformes à l'école. Ce serait bien que nous *portions* tous le même jean et le même t-shirt. Ça ne me plaît pas qu'on *fasse* toujours attention aux marques et aux logos. Je trouve bizarre qu'on *puisse* passer tout son temps à s'occuper de son look. J'aimerais mieux que les jeunes *sachent* accepter les autres comme ils sont. Surtout Marine. Il faudrait peut-être que j'*aille* la voir et que je lui *dise* mon avis, mais j'ai peur qu'elle *rie* et qu'elle se *moque* de moi. Un copain a proposé que je lui *écrive*, mais je crains que ce ne *soit* pas une bonne idée. Alors, que faire? Est-ce que vous pensez que je *dois* changer, est-ce qu'il est nécessaire que je *devienne* comme les autres, juste pour lui plaire? J'espère que vous *pouvez/pourrez* m'aider.

63 Mes parents ne veulent pas que je sorte ce soir

1. Mes parents ne veulent pas *que je sorte ce soir*. Ils exigent *que je fasse mes devoirs*. Moi, je trouve ça bête *qu'ils ne veuillent pas* me laisser tranquille.
2. Il faut *que je vous dise* quelque chose: je suis triste

que vous vous moquiez toujours de moi. Je crois *que vous ne m'aimez pas* beaucoup.
3. Je veux *organiser une fête* samedi prochain. J'aimerais bien *que Malika vienne*. J'espère *qu'elle aura le temps*.
4. Il est temps *que vous partiez* si vous ne voulez pas rater le train. Il est important *que vous arriviez* à l'heure pour acheter un billet. Je ne voudrais pas *que vous preniez le train* sans billet.
5. J'aimerais bien *qu'on aille* en Espagne au mois d'août, mais je crains *que mes parents ne soient pas d'accord*. Ils sont d'avis *qu'il y fait trop chaud* en été.
6. Je voudrais bien *t'offrir un cadeau*, mais il faudrait *que je sache* ce qui te ferait plaisir. Tu préférerais peut-être *que nous allions* le choisir ensemble?

64 De quoi est-ce que Marine a besoin?

- Ça va comme tu veux? Tu n'*as pas besoin de* mon aide?
- Non, maman, je n'*en ai pas besoin*.
- Tu vas *avoir besoin de* vêtements chauds.
- Ecoute, maman, arrête de me donner des conseils, je n'*en* ai vraiment *pas besoin*.
- Tu n'*as pas besoin de* te mettre ...
- j'*ai besoin de* réfléchir pour ne rien oublier.
- tu vas sûrement *en avoir besoin*.
- je n'*en ai pas eu besoin* une seule fois.
- Et là, ton pantalon rouge? Tu n'*en as pas besoin*?
- Non, je n'*ai pas besoin de* mon pantalon rouge. Et en plus, il est trop petit, je crois que j'*ai besoin de* ...
- je sors si tu n'*as* plus *besoin de* moi ...
- Euh... attends, j'*ai* aussi *besoin d'*un peu d'argent.
- Quoi? Tu *as* encore *besoin d'*argent?
- Oui, je sais, mais j'*ai besoin d'*un nouveau jean, et ...
- Ah, non! Tu n'*en as pas besoin*, tu en as déjà trois.
- Non, non, et non! Si tu *as besoin d'*argent ...

65 Tout compris?

1. J'aimerais/je voudrais que vous fassiez attention quand je parle. 2. Tu peux prendre ma voiture, mais il faut/faudrait que tu reviennes avant cinq heures. 3. Tu n'as pas besoin de répéter, je suis sûr(e) que tous ont compris/tout le monde a compris. 4. Il fait chaud, aujourd'hui. Je crois que je ne vais pas avoir besoin de mon pull/qu'il ne me faudra pas mon pull. 5. N'oublie pas ton parapluie, il est possible que tu en aies besoin.

66 Vous devriez faire attention

1. attendre – elle attendra – vous attendriez 2. dormir – vous dormirez – je dormirais 3. savoir – je saurai – elles sauraient 4. aller – tu iras – nous irions 5. payer – il paiera – tu paierais 6. courir – ils courront – vous courriez 7. acheter – vous achèterez – ils achèteraient 8. venir – je viendrai – nous viendrions 9. envoyer – j'enverrai – elles enverraient 10. pouvoir – elles pourront – ils pourraient 11. faire – tu feras – nous ferions 12. commencer – on commencera – je commencerais 13. finir – vous finirez – tu finirais 14. dire – je dirai – on dirait 15. vouloir – il voudra – vous voudriez

67 Et vous, qu'est-ce que vous feriez?

1. ferais – prendrais – préférerais/préfèrerais – aurais. 2. devrais – serait – pourrais – intéresserait 3. voudrions – devriez – trouveriez – pourriez – donnerait 4. feriez – achèterais – viendraient – pourrions – aurais – entendraient

68 Qu'est-ce qu'on fait, ce soir?

- J'ai une idée: et **si** on *allait* au concert de rap à la Villette?
- Ok. Mais **si** on y *va/allait*, il *faut/faudrait* d'abord téléphoner à Julien, il *sera/serait* déçu, **si** on *sort/sortait* sans lui.
- Julien? Je ne sais pas **s'**il *voudra* sortir ce soir. Il a une compétition de judo demain et **s'**il *se couche/couchait* tard, il *sera/serait* fatigué.
- Oh là là, Julien et son judo... moi, **si** j'*étais* à sa place, je *ferais* un peu moins de sport. Il n'a jamais le temps de s'amuser avec ses copains.
- Il faut le comprendre, **si** on *veut* être bon en sport, il *faut* s'entraîner sérieusement.
- Bon, moi, je lui téléphone, à Julien. **S'**il n'*a pas envie* de venir, il nous le *dira* lui-même.
- Allô, Julien? On va au concert à la Villette, ce soir. **Si** tu *veux*, on *passe/passera* te chercher avant.
- Euh... non, merci. **Si** je *vais* à un concert ce soir, je *serai* fatigué, demain. Tu comprends, il ne suffit pas de dire «ce *serait* super **si** je *gagnais*», il faut aussi faire quelque chose pour y arriver. En plus, je ne sais pas **s'**il y *a/aura* encore des billets pour ce concert. **Si** on *allait* au cinéma plutôt? Pour moi, c'est mieux: **si** on y *va* à 19 heures, je *pourrai* me coucher à 22 heures.
- Bon, attends, je demande aux autres **s'**ils *sont* d'accord.

69 Quand on veut, on peut!

1. **Si** tu gagn**ais/es** 10 mille euros, est-ce que tu m'en donn**erais/eras** la moitié ? 2. Demain, **s'**il ne pleu**t** pas, nous pass**erons** toute la journée sur la plage. 3. Tu n'écoutes jamais **quand** je parl**e**. 4. Je trouv**erais** le prof d'allemand plus sympa **s'**il nous donn**ait** moins de devoirs. 5. **Quand** j'**aurai** mon bac, je part**irai** étudier l'anglais à Londres. **Si** j'**ai** mon bac, je **pars** ... 6. Nous n'arriv**erons** jamais à l'heure **si** tu ne condui**s** pas plus vite. 7. Je n'ai pas pu le voir avant son départ. Je lui téléphon**erai** **quand** il revien**dra**. 8. Je n'aimerais pas être cuisinier: **si** je travaill**ais** dans un restaurant, je dev**rais** me lever à 5 heures.

70 Pour les uns et les autres

1. plusieurs. 2. je n'en ai rencontré aucune. 3. chaque semaine. 4. certains 5. d'autres. 6. je les ai tous invités. 7. quelques-unes

71 Vous vous apercevrez que c'est facile

1. je m'aperçois 2. elle s'est aperçue 3. ils buvaient 4. vous vous apercevriez 5. on s'apercevait 6. je verrais 7. elles sauront 8. ils s'aperçoivent 9. ils s'apercevront 10. nous voyions 11. vous croirez 12. nous avions 13. elle s'apercevra 14. vous vous aperceviez 15. je boirais Mot-clé: petites annonces

72 Tout compris?

1 – f, 2 – g, 3 – e, 4 – j, 5 – d, 6 – c, 7 – i, 8 – a, 9 – b, 10 – h

73 En Pologne, on parle polonais

l'Italie *f*	en Italie	d'Italie	italien
la Grèce	en Grèce	de Grèce	grec
la France	en France	de France	français
la Croatie	en Croatie	de Croatie	croate
le Portugal	au Portugal	du Portugal	portugais
l'Espagne *f*	en Espagne	d'Espagne	espagnol
l'Algérie *f*	en Algérie	d'Algérie	arabe
le Danemark	au Danemark	du Danemark	danois
les Pays-Bas *mpl*	aux Pays-Bas	des Pays-Bas	néerlandais/ hollandais

74 Allons-y!

1. Non, je n'y ai pas pensé. 2. Oui, nous en avons/ j'en ai acheté deux kilos. 3. Non, je n'y suis jamais allé. 4. Oui, je vais même en faire deux. 5. Non, je vais y répondre/j'y répondrai demain. 6. Non, j'y vais à pied. 7. Non, je n'ai pas envie d'y aller. 8. Oui, elle en a déjà envoyé trois. 9. Non, maintenant, je n'en ai plus peur. 10. Non, je n'en ai pas besoin.

75 Caroline n'a pas le temps

S.: J'ai envie **d'** aller acheter des fringues. Tu ne veux pas (-) venir avec moi?

C.: J'aimerais bien (-) t'accompagner, mais je n'ai vraiment pas le temps **d'** aller en ville

S.: Qu'est-ce que tu es en train **de** faire?

C.: Christian a décidé **de** faire une fête – je lui ai promis **de** l'aider **à** tout organiser – je dois (-) faire deux gâteaux – j'ai proposé **de** faire un gâteau – il m'a demandé **d'** en faire deux – j'aime bien (-) les manger, mais je ne sais pas très bien (-) les faire.

S.: tu es capable **de** faire un gâteau, tu peux aussi (-) en faire deux

C.: j'avais décidé **de** faire un gâteau – j'ai commencé **à** préparer le gâteau – j'ai réfléchi **à** ce qu'il me fallait

C.: j'avais oublié **d'** acheter des pommes. Bon, j'ai arrêté **de** préparer – je suis allée (-) chercher des pommes. – j'ai continué **à** travailler – j'espérais (-) finir – J'ai essayé **de** lui dire – je n'ai pas réussi **à** lui faire comprendre – je dois encore (-) terminer mon deuxième gâteau …

S.: tu as accepté **d'** apporter deux gâteaux? Tu devrais (-) apprendre **à** dire «non»

76 Tout compris?

1. Je ne suis jamais allé(e) au Maroc, mais j'ai envie d'y passer mes prochaines vacances. 2. Tu n'as pas besoin d'acheter des pommes, on en a encore un kilo.
3. J'avais promis à ma mère de faire les courses, mais j'ai oublié d'y aller. 4. Il a fait un voyage aux Etats-Unis et il en est revenu très content. 5. Je lui avais dit d'acheter des oranges de Tunisie, mais elle n'a pas pensé à en prendre.

77 Samuel a des problèmes

1. Si son père vivait [encore] avec eux, il pourrait lui parler de ses problèmes. 2. Si Vanessa savait qu'il est victime d'un racket, elle accepterait sûrement de l'aider. 3. Mais si Samuel la mêlait à ses histoires, ce serait trop dangereux pour elle. 4. La mère de Samuel serait très en colère si elle savait qu'il lui vole des «drogues».
5. Si Samuel n'avait pas peur de Max et de sa bande, il arrêterait ce trafic. 6. Il a envie de leur dire: «Si vous n'arrêtez pas de me racketter, je raconte/raconterai tout à la police. 7. S'il était très/plus fort … ou s'il n'était pas tout seul, il n'aurait pas peur d'eux. 8. Il reste dans la classe. S'il sort/sortait, Max lui cassera (va lui casser)/ lui casserait la figure.

78 Essayez de ne pas faire de fautes

1 – k, 2 – i, 3 – d, 4 – n, 5 – h, 6 – m, 7 – e,
8 – g, 9 – l, 10 – b, 11 – a, 12 – c, 13 – j, 14 – f

79 Un peu, beaucoup …

1. Il y a trop de touristes sur cette plage. 2. Il me faut 250 grammes de sucre. 3. Est-ce que je pourrais avoir un verre d'eau? 4. Tu as encore combien d'euros?/ Combien d'euros est-ce que tu as/as-tu encore?
5. Nous avons beaucoup d'amis à Marseille. 6. Je n'ai vu aucun de ces films. 7. J'ai acheté deux kilos d'oranges. 8. Si tu veux réussir tes crêpes, tu dois mettre plus de lait et moins de farine. 9. Vous voulez encore un peu de café? 10. Si tu m'aides, je te donnerai la moitié de mes bonbons.

80 Une étape du Tour de France

C'est Soler Hernandez qui a pris la *première* place - Valverde arrive *deuxième/second*, Contador *quatrième* et Mayo *cinquième.*
Le *premier* Français, Christophe Moreau, est *onzième* derrière un autre Espagnol, Sastre qui, lui, finit *dixième* – Andreas Klöden, *neuvième*. Halgand est *dix-neuvième* devant Vinokourov, *vingtième*, et c'est encore un Espagnol, Zubeldia, qui arrive *vingt-et-unième.* Goubert est *vingt-septième*, Sylvain Chavanel *quarante-troisième* et Vœckler *cinquante-huitième.* Vasseur, *quatre-vingt-huitième*, et Nicolas Jalabert, *quatre-vingt-dixième*, ont plus de 22 minutes de retard sur le *premier*, Soler.
Sébastien Chavanel à la *cent-soixante-neuvième* place … pas *dernier*, mais presque: il restait 171 coureurs.

81 Un petit exercice de maths

1. deux tiers + sept dixièmes - deux cinquièmes = vingt-neuf trentièmes
2. trois quarts + un tiers - sept douzièmes = six douzièmes = cinquante pour cent
3. treize vingtièmes · six huitièmes + vingt-cinq quatre-vingtièmes = quatre cinquièmes = quatre-vingt pour cent
4. (deux huitièmes + douze seizièmes) · neuf douzièmes = trois quarts = soixante-quinze pour cent
5. trois cinquièmes · cinq neuvièmes · trois demis + cinq dix-huitièmes = sept neuvièmes

82 Tout compris?

1. S'il essayait de parler avec sa mère, elle prendrait sûrement le temps de l'écouter. 2. Elle m'a demandé d'apporter deux bouteilles de coca, mais à mon avis,

ce n'est pas assez. Je vais en acheter une troisième. 3. Tu n'as pas besoin d'aller chercher des pommes, nous en avons encore deux kilos. 4. Je m'occuperais du fils des voisins, s'il était capable de rester tranquille cinq minutes. 5. Si vous preniez vos vacances pendant la première ou la deuxième semaine de juillet, je pourrais peut-être partir avec vous. 6. Si tu ne passais pas la moitié du temps devant ton ordinateur, tu aurais sûrement des meilleures notes à l'école.

83 Ni rien, ni personne

1. Je vois bien que rien ne t'intéresse. 2. J'ai écrit à toutes mes amies, mais aucune ne m'a répondu. 3. Elle ne veut en parler à personne. 4. Je ne suis jamais allé aux Antilles. 5. Personne n'est venu me chercher à la gare. 6. Essayez de ne plus y penser. 7. Nous préférons ne rien lui dire. 8. J'ai lu tous ces livres, mais je n'en ai aimé aucun. 9. Je ne lui ai pas dit bonjour et il ne m'a pas parlé non plus./Je ne lui ai pas parlé et il ne m'a pas dit bonjour non plus. 10. Aucune île n'est aussi belle que la Martinique.

84 Et si on s'en allait?

1. Allez-vous-en tout de suite! 2. Elles s'en sont allées sans dire au revoir. 3. Je ne m'en irai pas avant d'avoir mon argent. 4. Je préfèrerais que tu t'en ailles maintenant. 5. Ne t'en va pas, reste avec moi. 6. Je propose que nous nous en allions à 8 heures. 7. Ils ne s'en sont pas encore allés. 8. Même si nous avions de l'argent, nous ne nous en irions pas d'ici. 9. Quand mes grands-parents étaient jeunes, ils ne s'en allaient jamais en vacances. 10. Comme je ne l'ai pas vue à la fête, j'ai pensé qu'elle s'en était déjà allée.

85 Ça suffit!

suffire: ils suffiront, ça suffit, il suffisait, ça suffira, que ça suffise, il suffirait *venir:* elle vient, vous viendriez *courir:* vous courriez *lire:* je les ai lus *fuir:* ils fuiraient, vous fuyiez, je fuis, nous fuirons, elle a fui, elles fuient, ils fuyaient, que je fuie *dire:* ils diraient, tu dis
Mot-clé: la Guadeloupe

86 Ne m'interrompez pas!

1. Si tu ne m'*interrompais* pas 2. les enfants ne *naissaient* pas à l'hôpital 3. Et toi, Vanessa, où est-ce que tu es *née*? 4. Notre enfant *naîtra* dans trois mois. 5. nous avons *interrompu* notre voyage. 6. Si mon fils *naît* le 25 décembre 7. une fille très sympa que j'ai *connue* en Guadeloupe. 8. nous ne t'*interromprons* plus, promis! 9. Je ne veux pas que tu m'*interrompes* quand je parle. 10. vous ne le *reconnaîtriez* pas.

87 Tout compris?

a) 1. Ici, personne ne s'amuse. 2. Quand Samuel était à l'hôpital, aucune fille de sa classe n'est venue le voir. 3. Dans ce magasin, rien ne me plaît. 4. En Bourgogne, nous n'avons visité aucun château. 5. Ma petite sœur n'a peur de rien. 6. Elle n'est gentille avec personne.
b) 1. Ils souhaitent que leur enfant naisse chez eux. 2. elles s'en sont allées à 9 heures. 3. J'espère que vous ne m'interromprez/interrompez plus. 4. Quoi? Les 50 euros que je t'ai donnés ne te suffisent pas? 5. je fuirais tout de suite la grande ville.

88 J'aurais dû faire attention

1. tu devras – tu devrais – j'aurais dû 2. nous resterons – vous resteriez – ils seraient restés 3. je me lèverai – tu te lèverais – elles se seraient levées 4. vous croirez – nous croirions – on aurait cru 5. il vivra – je vivrais – nous aurions vécu 6. tu viendras – nous viendrions – elle serait venue 7. je prendrai – vous prendriez – j'aurais pris 8. elle lira – nous lirions – vous auriez lu 9. ils mettront – elles mettraient – tu aurais mis 10. vous appellerez – ils appelleraient – nous aurions appelé 11. tu t'apercevras – il s'apercevrait – elles se seraient aperçues 12. je m'en irai – nous nous en irions – ils s'en seraient allés 13. vous paierez/payerez – je paierais/payerais – vous auriez payé 14. elle courra – il courrait – j'aurais couru 15. elles enverront – nous enverrions – tu aurais envoyé 16. je plairai – ils plairaient – il aurait plu 17. vous serez – nous serions – ils auraient été

89 Emilie n'est pas contente

- Maman, tu *aurais pu* aller me chercher – je *ne serais pas revenue* à pied
- si tu m'*avais appelée*, j'y serais allée.
- J'*aurais bien voulu* t'appeler. Je l'aurais fait si j'*avais pu.*
- Si tu *faisais* un peu plus attention – Si ça *continue* comme ça – si j'*avais eu* la chance
- tu *n'aurais pas pu* avoir un portable, parce que ça n'existait pas.
- si tu *avais mieux cherché*, tu l'aurais trouvé tout de suite et tu *aurais pu* me téléphoner…
- … et nous *ne nous serions pas disputées.*

90 Mon frère? Lequel?

1. Laquelle? 2. Dans lesquelles? 3. Chez lesquels? 4. Auquel? 5. Duquel? 6. Avec laquelle? 7. Auxquels? 8. Par laquelle?

91 Qu'est-ce que Farid t'a raconté?

M.: Je lui ai demandé comment il *se sentait* et il m'a dit que son bras *était cassé* et qu'il *avait mal* partout. Ensuite, j'ai voulu savoir s'il *allait rester* encore longtemps à l'hôpital, mais il m'a expliqué qu'il n'*avait pas (encore) vu* le docteur et qu'il *passerait* le voir dans l'après-midi.
Il a aussi dit que ce qui l'*énervait* le plus, c'était qu'il avait mal surfé.
Il a ajouté que s'il *avait fait* plus attention, ça ne *serait* pas arrivé. Mais il a aussi avoué qu'il *pensait* que la Dordogne, c'était pour les papis. Il a dit que la prochaine fois, il *saurait.* Ensuite, il a voulu savoir si je vous *avais vus*, Jérémie et toi, depuis l'accident.

L.: Tu lui as raconté que nous en *avions (longuement) parlé* ensemble?

M.: Bien sûr. Je lui ai expliqué que personne n'*avait compris* qu'il *était tombé.* Enfin, il a dit que c'était une chance que nous l'*ayons trouvé*; il a ajouté qu'il *commençait* à être fatigué et qu'il *avait* peur qu'on